U0516178

# 价值链重构视角下数实融合机理、路径与政策研究

易秋平 著

A Study on the Mechanism, Pathways, and
Policies of Digital-Physical Integration from the Value Chain
Restructuring Perspective

国家社会科学基金一般项目：价值链重构视角下数字经济与实体经济深度融合机理、路径与政策研究
（项目号：21BJL075）

经济管理出版社
ECONOMY & MANAGEMENT PUBLISHING HOUSE

**图书在版编目（CIP）数据**

价值链重构视角下数实融合机理、路径与政策研究 /
易秋平著. -- 北京：经济管理出版社，2025. 6.
ISBN 978-7-5243-0342-8

Ⅰ．F124

中国国家版本馆 CIP 数据核字第 2025Z73L83 号

组稿编辑：杨　雪
责任编辑：杨　雪
助理编辑：王　慧
责任印制：许　艳
责任校对：蔡晓臻

出版发行：经济管理出版社
　　　　　（北京市海淀区北蜂窝 8 号中雅大厦 A 座 11 层　100038）
网　　址：www. E-mp. com. cn
电　　话：(010) 51915602
印　　刷：唐山玺诚印务有限公司
经　　销：新华书店
开　　本：720mm×1000mm/16
印　　张：11. 25
字　　数：183 千字
版　　次：2025 年 7 月第 1 版　　2025 年 7 月第 1 次印刷
书　　号：ISBN 978-7-5243-0342-8
定　　价：78. 00 元

# 前　言

　　发展数字经济离不开实体经济这一必要载体。要发挥数字经济"价值赋能"的作用，必须与实体经济相融合才能实现。但是，实体经济实现数字化转型是一个"创造性破坏"过程，对其自身价值创造进行了重新排列和整合。在此过程中，价值链重构是实现数字经济和实体经济深度融合的首要任务。本书中的价值链重构包含两层含义：一是对原有价值链的技术解构。在数字经济为实体经济发展赋能时，一些产品的关键技术无法突破，导致原有价值链的技术解构受阻。当前，如何利用数字技术获取价值创造还处于探索阶段。二是对解构后的价值链进行技术重构和空间重构。但对于解构后的价值链如何进行技术重构和空间重构，价值链的技术重构和空间重构又是如何推动数字经济和实体经济深度融合的等问题都处于摸索阶段。因此，从价值链重构视角探讨数字经济与实体经济深度融合问题不仅可以拓展理论分析框架，还可以为实现实体经济数字化转型发展提供政策建议。

　　基于此，本书着眼于中国数字化转型实践，准确界定实体经济的内涵，并对数字经济背景下传统制造业价值链重构的内涵进行了创造性解读。同时，运用价值链理论系统分析了数字经济与实体经济深度融合的内在机理、融合机制和成长路径；深入探讨了我国数字经济与汽车制造业、工程机械制造业和电子设备制造业等典型制造业的深度融合路径，以及美国、德国、韩国和英国等发达国家数字经济与实体经济深度融合的典型模式；在深刻剖析我国数字经济与实体经济深度融合发展现状的基础上，提出了促进我国数字经济与实体经济深度融合的宏观政策、产业政策和企业建议。具体而言，本书具有以下五方面的特点：

第一，提供了独特的研究视角。有关价值链重构的认识主要是从空间角度分析的，认为价值链重构就是对价值链的空间重构。然而，本书认为，在数字经济背景下，价值链的重构不仅包括价值链的空间重构，还包括价值链的技术重构、分工重构和利益分配重构。因此，本书研究视角的切入点与以往价值链重构的切入点存在本质区别。这是以往研究所没有涉及的，属于一种探索性研究。同时，与以往价值链分析不同的是，本书不仅是以整个价值链为对象来进行分析，而是把整个价值链先拆解为产品链、生产链和营销链，再深入分析不同价值链环节的差异化融合机制和路径，从而使研究更具有针对性和操作性。从这一视角研究数字经济与实体经济深度融合具有重大理论意义和实践参考价值。

第二，系统剖析了数字经济与实体经济深度融合的内在机理。数字经济与实体经济深度融合的本质是价值链重构，而要对价值链进行重构，其本质要求是对创造价值的经济活动进行重构，即价值链重构本质是基于价值重构。因此，价值重构是促成数字经济与实体经济实现深度融合的关键所在。为什么在产业数字化的实现过程中，我们必须通过价值重构来实现数字经济与实体经济的深度融合呢？这是因为，在该过程中，在原有生产要素组合的基础上，数字化又增加了数字价值的组合，全新的产业价值被创造出来。新价值的创造势必打乱原来的价值生态体系，必须重构新的价值生态体系，才能真正实现数字经济与实体经济的深度融合，实现制造业的数字化转型升级。为此，可以通过价值逻辑共生化、价值标准个性化、价值主体多元化、价值组织平台化、价值流向逆向化和价值核心创新化来实现数实融合价值系统的重构，从而促进数字经济与实体经济深度融合。该部分研究对于拓展分析数字经济与实体经济深度融合发展的思路，找准促进数字经济与实体经济深度融合发展的着力点具有重要的理论价值。

第三，全面构建了数字经济与实体经济深度融合的运行机制。数字经济与传统制造业深度融合的本质就是价值链的融合，运行机制包括产品链深度融合的运行机制、生产链深度融合的运行机制、营销链深度融合的运行机制和全价值链协同融合的运行机制。其中，产品链深度融合的运行机制是构建生产者与消费者的价值共创平台；生产链深度融合的运行机制是构建各业务流程的数字化协同制造平台；营销链深度融合的运行机制是构建消费者数字化体验平台；全价值链协同融合的运行机制是构建全价值链的数字孪生运营系统。综上所述，数字经济与实体经济深度融合的运行机制设计关键是平台机制构建，通过平台机制的构建，真正实现价值共创、共享和共分配的良好运行机制。这些理论机制的探讨为促进数字经济与实体经济深度融合发展提供了重要的实践指导作用。

第四，深入探寻了数字经济与实体经济融合成长路径。数字经济与实体经济的深度融合成长实质上是产业价值创新的过程，即通过产业价值渗透、产业价值交叉和产业价值重塑，形成产业价值的融合，产生新的复合价值效应。这种复合价值效应主要表现为价值逻辑创新、价值组织创新、价值主体创新、价值核心创新、价值标准创新和价值流向创新。企业的价值逻辑由原来的竞争化转向共生化；价值组织由原来的以"企业"为中心的价值生产组织，转向以"产品"为中心的价值生产组织；价值主体由原来的单一化转向多元化；价值核心由原来的满足顾客需求转向创造顾客需求；价值标准由原来的统一化转向个性化；价值流向由原来的正向化转向逆向化。价值逻辑、价值组织、价值主体、价值核心、价值标准和价值流向的创新使得传统制造业的成长空间得到极大拓展，并形成新的产业价值增长点，即触达终端、集成功能、重构场景和共生价值，从而实现了数字经济与实体经济的融合成长。这些理论路径的探寻拓展了数字经济与实体经济深度融合成长的思路，为解决实体经济数字化转型发展困境的现实难题提供了理论支撑。

第五，立足国际国内企业数字化转型实践进行创新性研究。在经济全球化发展的时代，任何经济问题的解决，既要站在国际的高度，又要立足国内实际情形。为此，本书在对国际发达国家数字经济与实体经济深度融合的典型模式分析基础上（美国数字创新引领高端制造模式、德国的"工业4.0"推进传统制造智能化模式、韩国的智能工厂强化技术融合应用模式和英国的政策扶持推进技术创新模式），再结合我国数字经济与实体经济融合发展总体上处于单向覆盖阶段的现实情况和国内数字经济与制造业融合发展的典型案例分析，提出要实现我国数实融合从单向覆盖阶段向集成提升和创新突破高级阶段攀升，还应该重点着力提升制造业与互联网两化融合新型基础设施支撑水平，促进两化融合发展的新模式与新业态发展。同时，我国制造业的数实融合水平是不断提升的，不同行业在数实融合水平上依然存在一些差异。对于不同行业而言，需要根据自身行业融合特征和市场需求，制定合适的数字化转型战略，积极应对数实融合带来的挑战和机遇。同时，我国数字经济与实体经济融合发展还面临着"三难"：技术融合难、数据安全难和人才获取难。未来应重点解决这"三难"问题。在宏观层面，应加快信息基础设施建设以推动数字化消费市场的形成，加强数据安全战略体系构建以确保隐私安全，加强数字人才培养体系建设以保障数实融合发展的人才需求，完善产权保护制度以推动数字化技术研发，构建多元化的数字金融平台以缓解企业创新融资约束，参与数字经济国际合作以提升国家数字经济竞争力。在产业层面，应加快确立数字技术行业标准推动"数字平台"建设，培育生态主导型企业以构建具有国际竞争力的数字产业生态，推崇重视研发创新的行业风尚，建立产业内合理的专利转让制度，促进数据资源的高效流通与利用，鼓励跨行业合作与协同创新。在企业层面，应转变价值创造的逻辑，创新顾客价值标准，协同价值创造主体。这些理论探索丰富了数字经济与实体经济深度融合发展的研究，有助于探寻数字经济与实体经济深度融合成长等方面实现创新的途径。

本书的研究工作得到 2021 年国家社会科学基金一般项目（项目编号：21BJL075）的资助，特此表示衷心的感谢。课题组成员为：刘友金（湖南科技大学原党委副书记）、戴魁早（湖南科技大学商学院副院长）、王丽萍（集美大学财经学院副院长）、朱必武（集美大学海洋装备与机械工程学院副教授）、唐昌平（湖南科技大学材料科学与工程学院副教授）、贺灵（湖南科技大学商学院副教授）、张世文（湖南科技大学计算机科学与工程学院副院长）、张华（湖南科技大学机电工程学院教师）、柳卓超（湖南科技大学商学院教师）、张玉波（集美大学财经学院硕士研究生）、黄剑梅（湖南科技大学商学院硕士研究生）、胡强（湖南科技大学机电工程学院博士研究生）等。在此感谢课题组成员为本书撰写所提供的宝贵修改意见；感谢在实地调研中，各地方相关部门工作人员的大力支持和配合，以及为本书提供了大量丰富且翔实的资料；感谢集美大学对本书出版的资助，感谢集美大学财经学院原院长黄阳平教授、院长杨得前教授等领导为学院营造了浓厚的学术氛围，让笔者能够潜心研究。

最后要说明的是，数字经济与实体经济深度融合问题是一个跨学科、跨领域的大课题，本书只是从价值链重构视角对数实融合的机理、路径和政策进行了初步探索，在分析和论证中可能还存在有待商榷之处，甚至有可能存在一些遗漏。同时，囿于本人学识水平和研究资源，书中可能存在诸多不足，许多问题也有待进一步探究，这也将成为我们继续努力的方向。本书不足之处，敬请广大读者批评指正。

# 目　录

# 第1章 绪论

本章主要是对整个项目研究的总体思路概述，重点探讨以下四个问题：①论证研究选题的理由；②基于国内外的相关研究现状和趋势分析，找到本书研究的角度和切入点，并提出本书的研究视角；③提出本书的研究思路、研究内容和研究方法；④构建本书的基本架构并总结创新之处。

## 1.1 问题的提出和研究的意义

### 1.1.1 问题的提出

党的十九届五中全会提出："发展数字经济，推进数字产业化和产业数字化，推动数字经济和实体经济深度融合，打造具有国际竞争力的数字产业集群。"党的二十大报告强调："加快发展数字经济，促进数字经济和实体经济深度融合，打造具有国际竞争力的数字产业集群。"2023 年 2 月，中共中央、国务院印发的《数字中国建设整体布局规划》中指出："促进数字经济和实体经济深度融合。"由此，发展数字经济离不开实体经济这一必要载体。要发挥数字经济"价值赋能"的作用，必须与实体经济相融合才能实现。但是，实体经济实现数字化转型是一种"创造性破坏"过程，对其自身价值创造进行了重新排列和整合。在此过程中，价值链重构是实现数字经济和实体经济深度融合的首要任务。本书认为，价值链重构应该包含两层含义：一是对原有价值链的技术解构。然而，在数字经济为实体经济发展赋能时，一些产品的关键技术无法突破，导致原有价值链的技术解构受阻。当前，如何利用数字技术获取价值创造还处于探索阶段。二是对解构后的价值链进行技术重构和空间重构。但对于解构后的价值链如何进行技术重构和空间重构，价值链的技术重构和空间重构又是如何推动数字经济和实体经济深度融合的等问题都处于摸索阶段。因此，从价值链重构视角探讨数字经济与实体经济①深度融合问题是完全必要的。

### 1.1.2　研究的意义

一是学术价值。运用价值链理论深入探讨数字经济与实体经济深度融合的内在机理，并通过对制造业产品链、生产链和营销链的技术重构和空间重构，构建制造业的数字化全球价值链，搭建以促进数字经济与实体经济深度融合为目标的理论分析框架，拓展数字经济发展与区域经济学相关理论。

二是应用价值。在应用上探索通过对制造业数字化价值链的技术重构和空间重构以促进数字经济与实体经济深度融合的有效途径，解决实体经济数字化转型困境，为实现实体经济数字化转型发展提供政策建议。

---

① 有关实体经济，现实中大多数政府决策者和专家往往将其简单地等同于制造业，但实际上"实体经济"并不仅指"制造业"。实体经济还包括物质产品、精神产品和无形服务的所有生产与流通等环节，具体包括农业、工业、商业、通信业、交通运输业、建筑业等物质产品生产活动，还包括体育、艺术、信息、知识、文化、教育等精神产品的生产和服务活动。本书考虑到制造业是实体经济的主体，以及数字经济与实体经济融合的产业差异性，将"实体经济"界定为"制造业"。本书若无特殊说明，实体经济则指制造业。

# 1.2 国内外研究现状综合评述

## 1.2.1 数字经济发展及其产业空间演变规律与特点

20世纪90年代，被誉为"数字经济之父"的唐·泰普斯科特（Don Tap-scott）在《数字经济：联网智力时代的承诺和风险》一书中首次对数字经济的概念进行了描述。从那以后，国内外学者就开始相继对数字经济进行研究。最初学者主要针对数字经济的概念、内涵、特征、发展趋势、发展的影响因素、国民经济测度等（Moulton，1999；Thompson，2001；孙德林和王晓玲，2004）进行了探讨性研究。随着对数字经济的深入研究，学者们又逐渐聚焦于数字经济运行及其与制造业渗透和协同发展的微观机理。在这一研究中，受新经济地理学的影响，部分学者通过对数字企业选址特点等问题的研究发现（Townsend，2000；田俊峰等，2019），与传统制造企业空间聚集规律不同，数字企业呈现出非集聚性（邱娟和汪明峰，2010），传统经济地理因素如上游原材料供应商位置、道路交通、港口或下游企业位置等对数字企业发展没有束缚作用（Rodriguez，2002；钟业喜和毛炜圣，2020），传统地理空间的束缚对数字经济约束力大幅降低（中国信息化百人会课题组，2016；刘刚和张昕蔚，2019）。但学者们尚未进一步就数字要素空间布局规律和配置问题进行系统深入的研究。

## 1.2.2 数字经济对实体经济的影响研究

随着对数字经济研究的不断深入，有学者开始逐渐转向数字经济对社会生产机理、机制等全方位影响研究。宏观层面主要集中于数字经济发展下如何通过对创新活动的激发和要素组合的优化等对策措施来达到对经济增长和社会生产效率的提升（Bala，2014；李晓华，2019）、城乡收入差距的缩小（李健和邬晓鸥，

2017），以及对欠发达地区的创新能力与普惠金融服务能力的提升（马化腾，2017；张勋等，2019）等方面的研究；中观层面主要集中于数字经济对产业发展趋势、产业关联关系、产业转型升级及实体产业融合等问题的研究（曹正勇，2018；汤潇，2019），且研究的产业领域从早前的文化产业和信息技术产业，逐步转向生产制造业；微观层面则主要集中于数字经济对企业创新理念、创新组织、创新管理模式、创新资源、创新文化和运营模式等的影响研究（Grigore et al.，2017；易高峰，2018；何帆和刘红霞，2019）。

### 1.2.3 数字经济与实体经济融合发展研究

当前，无论是学术界、政界，还是企业界都高度关注数字经济与实体经济融合（以下简称数实融合）。为此，本书从数实融合的提出到其研究进展进行了系统梳理。

#### 1.2.3.1 数实融合的提出与基本内涵

2016年4月19日，习近平总书记在网络安全和信息化工作座谈会上的讲话中指出，要着力推动互联网和实体经济深度融合发展，以信息流带动技术流、资金流、人才流、物资流，促进资源配置优化，促进全要素生产率提升。

2021年以来，我国在顶层设计中不断强调数实融合的重要影响与地位。《"十四五"数字经济发展规划》提出，以数字技术与实体经济深度融合为主线，加强数字基础设施建设，完善数字经济治理体系，协同推进数字产业化和产业数字化。信息化与工业化深度融合是数实融合发展的重点领域。《"十四五"智能制造发展规划》指出，要以新一代信息技术与先进制造技术深度融合为主线，深入实施智能制造工程。

随着研究与实践的深入，关于数实融合相关的讨论也日益丰富。2022年两会期间，"数实融合"成为热议话题之一，然而其中的"数"到底是指"数字经济"还是指"数字技术"，尚无明确的解释。但党和政府提出了"两个融合"：促进数字技术与实体经济深度融合、推动数字经济和实体经济融合发展（欧阳日辉，2022）。在寻求经济高质量发展的今天，数实融合不仅是建设现代化产业体系的内在要求，也是党中央立足全局、面向中国式现代化做出的重大战略抉择。

关于数实融合的内涵其实可以从数字经济、实体经济以及两者相融合的角度理解。随着数字信息技术的发展，数字经济的内涵不断丰富。现在普遍认为数字经济是指通过高效利用信息通信技术，使数据资源这一核心生产要素借助现代信息网络等载体，实现效率提升和经济结构优化的一系列经济行为，能够通过多种方式提升经济质量（何佳佳和左马华青，2022）。实体经济是相对于虚拟经济而言的一种经济活动，在次贷危机后被各业界频繁使用，主要指涉及物质产品的生产、销售及一系列相关活动的总和，包括工业、农业等（Jorgenson and Vu，2016）。数字经济与实体经济的融合存在双向性（李晓西和杨琳，2000），数字经济促使实体经济的发展模式发生深刻变革，为创新注入动力，催生出多样化的产品供给与消费需求，进而拓展实体经济的成长空间；实体经济的发展也为数字经济的发展提供更多的数据要素，推动数字创新和产业创新，补齐技术短板（王斌等，2023），为数字经济提供支撑（洪银兴和任保平，2023）。数实深度融合正是指通过数字技术将数据要素运用于实际场景的各项活动中，同时反过来推动技术的发展与模式的创新，构建双循环新发展格局，进而推动实体经济在业务逻辑、组织形态和价值模式上的全面创新（欧阳日辉和龚伟，2023）。

数实融合是将大数据、人工智能等新一代数字化技术应用于非数字化传统实体经济并促进传统实体产业的改造与升级的过程，具有以下四项主要特征：

一是以数字化要素为主要生产要素。数字化要素包括数字技术、数字人才等核心要素。数字化要素的规模庞大、易获取且成本低廉的优势使其成为关键的生产要素，并通过要素驱动、融合激发、协同提升、反馈机制改变着经济运行的微观基础，促进产业创新、产业关联、产业融合，推动生产、组织、交易效率提升（李海舰和赵丽，2021）。

二是以产业数字化为主要任务。数字技术向产业内渗透，使得实体经济中数字产业化和产业数字化的范围不断扩大，特别是产业数字化扩大更快。《中国数字经济发展研究报告（2023 年）》中的数据显示，2022 年我国数字产业化规模达到 9.2 万亿元，占 GDP 比重的 7.6%，占数字经济比重的 18.3%；产业数字化规模为 41 万亿元，占 GDP 比重的 33.9%，占数字经济比重的 81.7%。

三是以创新驱动和结构升级为变革路径。数字技术和数据要素双轮驱动，不断调整重塑实体经济业务结构，创新价值模式延伸至产业链、供应链、价值链（洪银兴和任保平，2023），促进数字经济与实体经济的深度融合。

四是以 IT 化、网络化、智能化为发展阶段。数实融合的首要动力源自信息化，它推动以 AI、大数据等为代表的信息技术深入工厂、办公室及家庭。其次，以"互联网+"为核心动力，促使 WEB 和 App 广泛普及，云计算迎来飞速发展，并进一步渗透到消费、商业、支付、物流等多个领域。最后，通过万物智能，驱动大交通、大能源、大制造、大健康、大金融等领域实现深度数实融合。

理论界针对数实融合的基本内涵和特征的研究比较丰富，为学者更好地理解数实融合的基本概念提供了帮助。

### 1.2.3.2 数实融合的研究现状

随着数实融合成为经济发展的新趋势，学界重点对数实融合的理论基础、机制、途径以及对经济高质量发展的影响四个方面展开了广泛的讨论。

（1）数字经济促进实体经济发展的理论基础研究

有关数字经济促进实体经济发展的理论基础主要是从微观、中观、宏观三个层面分析的。

在微观企业层面。可以通过规模经济和范围经济两种手段，应对多样化的消费需求，同时利用数据驱动以优化供给与需求的匹配效率，最终实现交易成本降低的目的。当企业间具有较高的资产通用性时，必然存在某些可共用要素。当某些共用要素存在利用不充分或闲置现象时，一般通过扩大生产规模降低长期平均成本，获得规模经济。随着数字经济的发展与对传统行业的渗透，企业的成本形成了"高固定成本"与"低边际成本"特征，这两种特征使得行业平均成本逐渐降低，形成规模经济，于是企业趋于扩大生产规模，使得规模经济常态化（荆文君和孙宝文，2019）。当共用资源存在闲置现象时，通常会采取资源重组策略，将部分共用资产重新配置到其他产品生产环节。这一做法通常只会略微增加成本，但能带来新产品与额外收益，从而达到范围经济的效果。数字技术的进步不仅使企业规模化经营，也使企业开始关注产品的多样化生产和用户的各种需求。行业间数据资源的流通共享，促进了产业种类和生产活动的多样化，实现了各项活动费用的降低和经济效益的提高，最终形成范围经济效应（白新华和李国英，2023）。

在中观产业层面。数字经济主要通过产业关联效应、产业创新效应和产业结构调整效应等促进产业的数字化转型（许国腾，2021）。产业关联效应是指某产业在生产等方面的变动所引发的连锁反应，直接或间接影响其上游和下游的关联产业，并且存在拉动效应，影响企业的利润（Krugman and Venables，1995）。研究发现，数字经济部门对其他部门的拉动作用和支撑作用较强（柯文岚等，2023），由于数字技术跨产业、跨区域的特征，使得实体经济内各细分产业之间的连接更加紧密，产生协同效应。产业创新的核心在于技术进步，而对研发的不断投入可以推动技术的进步，进而提高产业的创新能力（Plank and Doblinger，2018）。大数据、物联网、人工智能等新兴数字通信技术的出现，对产业数字化转型以及高技术产业创新产生显著的正向影响（张矿伟等，2023）。产业结构是产业之间及其内部各要素的相互作用关系，而产业结构效应就是指这些关系的变化对经济产生影响。随着数字经济的不断发展，不仅为传统实体产业带来了新技术、新应用、新模式，还催生了一批依托数字技术发展起来的新兴产业，传统产业的转型与新兴产业的兴起共同助力经济的健康发展（任保平和豆渊博，2021）。

在宏观社会经济运行层面。通过提升要素配置效率，利用资本深化效应和技术创新效应来提高生产的投入与产出效率，进而影响宏观经济发展。经济活动的配置效率是指在给定投入和技术条件下，利用最佳要素资源以实现最大化的产出或效益。数据资源是数字经济的关键生产要素，体现企业的核心竞争力，是社会重要的基础性战略资产（杨佩卿，2020）。数据资源在复制与传播成本、长期可持续供应能力、易于扩散等方面具有显著优势，合理利用数据资源可以大大提高要素配置效率（胡贝贝和王胜光，2017）。资本深化是资本—劳动比持续上升的过程，随着科技的发展，资本代替劳动的现象普遍存在，劳动这一生产要素在总投入中的比重不断下降（Vivek，2012）。数字技术为生产效率以及总体水平的提升提供潜在动力（Perez，2007），不断推动制造业等部门的结构转型并提高其生产水平（艾阳等，2023）。技术创新是推动经济增长的核心要素，20世纪80年代，美国经济复苏的重要因素就是信息技术的创新（Stiroh，2002），而当前数字经济已经成为推动技术创新的重要因素（Yuan et al.，2021）。产业数字化同时提高企业研发资金的配置效率和使用效率（Bloom et al.，2012），从多方面降低企业边际成本（Goldfarb and Tucker，2019），有效促进企业的创新能力和效率（van Beers et al.，2008），最终提高企业产品的国内市场需求和产品出口质量（王桂军等，2022）。然而，数字经济的发展对实体经济存在一定的挤出效应，但这种效应存在边际递减规律（姜松和孙玉鑫，2020），会随金融市场的不断发展完善而越来越小（周小亮和宝哲，2021）。

数字经济如何促进实体经济发展的研究在微观、中观、宏观等多角度都有涉及，较为丰富。但现有文献多侧重于数字经济对实体经济正面影响的研究，忽视了可能存在的负面作用。比如，数字经济是否对各项实体产业都具有正向促进作用，是否存在产业差异性、协同性，以及是否会加剧不同地区之间的"数字鸿沟"等。

（2）数字经济与实体经济深度融合的机制研究

现有的机制研究主要集中于动力机制、创新机制、保障机制和激励机制。

在动力机制方面。数实深度融合的动力来源可以通过供给和需求分析。供给端通过数字技术的引领、市场资本的助力以及高质量人才的推动，实现产业间技术、资本与劳动力的优化配置与重组。而在需求端，消费、投资、出口等行为通过多样化的产品需求，拉动产业间的深度融合与协同发展（熊泽泉，2021）。在市场经济体制中可能出现供给与需求失衡的情况，导致市场运行效率受到影响。因此，可以通过数字技术有效稳定与完善市场，并深化融合的各个环节，提高商品的流通效率（郭丽娟和赵春雨，2023）。由于信息不对称导致的资源浪费问题也可以在数据的流通共享中得到缓解（Koch and Windsperger，2017）。

在创新机制方面。要做好"保障""引导""赋能""监管"四步。政府与企业协同发力，布局"数字基建"共建共投机制，构建"卡脖子"技术攻关机制，建立"一揽子"政策引导机制，谋划"反垄断"监管治理机制，塑造融合经济新环境，从而促使数字经济与实体经济深度融合（张楷卉，2022）。

在保障机制方面。数字经济与实体经济融合需要以数字基础设施的完善和数字技术的发展为支撑，企业需要建立以泛在连接为基础、以数据为核心、以算法为支撑、以算法驱动的数字基础设施和数字技术，促进数实融合的顺利完成（李华，2022）。

在激励机制方面。数字经济对实体经济的发展具有显著的推动作用（郭丽娟和赵春雨，2023），可以显著提高工业企业的全要素生产率和数字化水平（宋旭光等，2022）。数字经济对实体企业金融化存在明显的正向激励机制，并由此产生了新业态和新产业（杨名彦和浦正宁，2022）。

学界已经对数实融合中的多项机制进行了研究，然而还有诸如利益协调机制、监督机制、竞争机制等重要机制较少涉及。例如，如何在要素替代、产业转型、组织变革中进行利益协调，是至关重要的问题。如果一个社会没有形成完善的内在激励相容的利益协调机制，那么新的经济形态、发展动力以及生产力的深化就不可能产生。

（3）数字经济与实体经济融合发展的途径研究

数实融合发展的途径同样可以从微观、中观、宏观三个层面进行梳理。

在微观层面，数字经济与实体经济融合发展的主要途径包括数字化价值挖掘、资源与能力数字化、管理数字化、业务数字化和数字化战略等（陈雨露，2023）。企业在数字化转型中不仅要学会挖掘业务数据的价值，在业务流程、企业管理、商业模式、经营战略等方面进行数字化变革，还要学会根据市场环境调整对数字资源的利用方式，获得最大收益。从这一系列融合发展的途径中可以看出，微观层面的数实融合就是企业的数字化转型，从以工业化为基础的管理模式转变为以数字化管理为基础（刘淑春等，2021）。传统的工业化体系受到数字技术、商业模式等因素的影响，也逐渐向数字化体系转型。在这一转型过程中，资源的形式不再拘泥于实体，变得灵活而多元；信息的传输也不再受到时空限制，获取方式更加便利。数字化体系中的企业相较于工业化体系中的企业，展现出截然不同的新特征（肖静华，2020）。

在中观层面，数字经济与实体经济融合发展的主要途径有数字产业化和产业数字化两种。数字产业化，主要包括电子信息制造业、电信业、互联网行业等信息通信产业（卢福财，2022），此类新型的产业形式和经济活动也被定义为实体经济的一部分（夏杰长，2022），其发展为数字基础设施的建设提供了技术支撑，也为实体经济的发展带来了新机遇（韩文龙和俞佳琦，2023）。产业数字化，即传统产业应用数字技术所带来的产出增加和效率提升部分，包括但不限于工业互联网、智能制造、平台经济等融合型新产业、新业态、新商业模式（卢福财，2022）。由于数字技术产品便捷、高效、稳定、可靠的特点，不断替代非数字技术产品（蔡跃洲和牛新星，2021）。此外，数据要素成为关键生产要素，并与传统生产要素协同发展，通过新兴数字技术整合利用既有资源，提高了各生产要素的配置效率、使用效率、生产效率（韩文龙和俞佳琦，2023），实体经济也得到了更大的发展空间。

在宏观层面，数字经济与实体经济融合发展的主要途径包括生产方式、社会经济运行方式和生活方式的数字化转型。生产方式包含生产力和生产关系的辩证统一，是政治经济学中的一个重要概念。数字技术在生产资料私人所有的基础上与资本结合，数字资本主义的生产方式由此产生（牛建国和张世贤，2023）。数字化生产方式的特征体现在多个方面，如生产工具的数智化，传统生产设备逐渐被机器人等先进数字技术取代；生产资料也逐渐实现了数字化管理，通过数字化平台对生产资料进行全流程追踪控制（陈雨露，2023）。还有诸如工业机器人在汽车、机械等各领域的应用，服务机器人在医疗等领域逐渐兴起。企业的数字化转型也帮助企业更好地融入全球创新网络（李雪松等，2022），缓解逆全球化、保护主义的负面影响。社会经济运行方式的数字化对社会主义市场经济体制提出了更高的要求，通过发挥政府的宏观调控作用与市场的资源配置作用，既释放数字经济活力，又助力宏观经济的繁荣发展。生活方式的数字化转型一方面催生了新的工作岗位，另一方面也为居民提供了更多便捷的生活体验。

为深入推动数实融合，促使融合取得更好成效，需要准确把握以上主要途径。然而，所有的途径都强调了"数字化转型"的重要性，目前关于数字化转型的研究较为丰富，但是如何更高效地通过数字化转型促进数字经济与实体经济的深度融合需要更深入的研究。

（4）数实融合对中国经济高质量发展的影响研究

中国经济已由高速增长的阶段转向高质量发展阶段。数实融合能够从推动经济发展质量变革、效率变革、动力变革三方面为经济高质量发展助力（荆文君和池佳林，2023）。

在经济发展质量变革方面。首先，数字技术与实体经济的深度融合不仅可以从分配环节改善收入分配关系，也有助于提高农民收入、缓解城乡收入差距（胡中立和王书华，2021）、缩小区域发展差距，最终实现共同富裕（袁惠爱等，2022）。其次，依托新兴数字技术的数字政府，能够深入挖掘数字经济的巨大潜能，以此推动绿色技术的创新与发展（伦晓波和刘颜，2022）。再次，数字经济水平的提高有利于提高城市的创新创业活力和宜居性，从而增加城市流动人口的定居意愿，吸引劳动力流入，改善劳动力结构（张锟澎和刘雪晴，2022）。最后，数字经济还有利于提升经济韧性，不仅能够提升不同领域，如县域经济韧性（郝爱民等，2023）、城市经济韧性（张跃胜等，2022）等，还能加强宏观经济面对风险时的抵抗能力、恢复能力、适应能力以及转型能力（崔耕瑞，2021）。

在经济发展效率变革方面。数字技术与实体经济的深度融合可以提高供需匹配效率以及产业产出效率（荆文君和池佳林，2023）。价格能够直观反映市场供需关系，由于平台倾斜定价策略，平台企业通常对一方征收较低的价格，而对另一方按价值规律定价。因此，学者往往会对社会福利这一静态市场效率进行定价研究。例如，企业的忠实客户因为没有隐藏个人消费信息而被大数据识别，导致比隐藏个人信息的非忠实用户花费更高的价格购买商品，而隐藏个人信息的消费者往往会被企业忽视，导致社会福利受损（黄险峰等，2023）。还有一些观点认为，如果企业对消费者提供消费补贴，就会使消费者更愿意透露个人隐私信息，企业通过收集这些信息数据进行差异化定价，进而有利于社会福利的提高（王世强等，2020）。数实融合促进产业产出效率提升的研究涉及范围很广。数字技术催发农业金融新模式，带来产业链层面的变革（李国英，2015），整合运输服务业产业资源，形成集约化产业格局，并实现精准供给，提供个性化服务产品（刘小明，2015）。

在经济发展动力变革方面。数字技术为经济发展提供新动力、新优势。首先，数字技术促进产业转型升级。关键数字技术的持续创新推动要素使用效率的提升，并促进产业转型和模式创新，加快社会财富的创造与积累（夏杰长和张雅俊，2022）。当前，中国的数字经济飞速发展赋能传统产业，推动产业结构向服务化转型，未来服务业将承担起吸纳就业的重要职责（宋培等，2023）。此外，数字技术不断催生出新业态，强化经济增长动力。数据要素应用于传统产业有助于企业核心技术的突破与知识创新，通过生产协同效应与市场匹配效应推动高质量发展（钞小静和王宸威，2022）。

由此发现，大量学者开始将"数实融合"与"经济高质量发展"结合起来研究。学界普遍认为，两者之间的互动能够促进经济发展。但是数实融合这一概念近几年才被提出，对经济高质量发展影响的研究视角往往从数字经济出发，从融合角度进行的研究较少，需要进一步探索。

综上所述，数实融合的重要性日益凸显，迄今已有大量文献针对数实融合的问题进行了初步研究，并取得了一些重要进展，但仍存在一些不足之处：

第一，数字经济的内涵界定还存在争议。数字经济具有"经济"和"技术"双重属性，但一部分研究注重其"经济"属性，重点讨论其在产业融合方面的特征和作用，另一部分更重视其"技术"属性，重点讨论其对经济增长的影响。例如，从前文"数实融合对经济高质量发展的影响"的讨论中也能发展现有研究多从技术角度出发。此外，数字经济与实体经济是两个既相互独立又密切关联的经济子系统，考虑数实融合发展时的研究视角往往以数字经济对实体经济单向影响为主，研究之间的协同性不足，尚未形成完整的理论体系。

第二，对数实融合进行量化测度的研究相对较少。目前，有关数实融合的研究以定性分析为主，集中于数实融合的概念、内涵、特征等。对数字经济与实体经济分别进行测度的研究较为丰富，但是缺乏系统的基于数字经济与实体经济融合测度的指标，数实融合发展的深度与广度无法被直观理解。此外，目前数实融合相关的实证多从国家或区域视角研究对产业结构升级的影响，然而我国各省份的产业发展存在差异，主导产业也不同，现有研究的针对性与适用性不强。

第三，理论与实践的结合不够紧密。目前，数实融合的研究多以分析理论机制、实现路径等为主，虽然已有研究给出了相应的政策建议，但是理论与实践之间对接得并不充分。尽管数实融合带来了新产品、新业态、新商业模式，但由于制度环境、政策不完善，实践中遇到的各类新情境可能会使理论预期与实践结果产生偏差。机制方面也需要进行系统性完善，如在要素替代、产业转型、组织变革中运行的利益协调机制，维护良性市场竞争的监督机制等，都将在实践中对融合效果产生影响。

### 1.2.4 从价值链视角探讨产业融合发展研究

1985 年，迈克尔·波特（Michael E. Porter）在其所著的《竞争优势》一书中首次提出价值链的概念。最初价值链应用于单个企业内，后来随着国际外包业务的发展，波特又提出了价值体系概念，此时的价值链已跨越企业界限。此后，布鲁斯·科格特（Bruce Kogut）也发展了价值链理论，他更加强调价值链的垂直分离和全球空间再配置之间的关系。2001 年，加里·格里菲（Gary Gereffi）提出了全球价值链概念，用于分析产业联系和新国际分工问题。价值链的演变揭示了全球产业的动态特征。与此同时，学术界也开始从价值链视角研究产业融合问题。从开始的价值链视角探讨产业融合模式（宋怡茹等，2017），到如何从产业价值链整合实现产业融合（李宇和杨敬，2017），再转向具体产业的融合发展研究，主要集中于从价值链视角对生产性服务业与制造业的融合研究（汤菲，2016；孙久文和年猛，2011），旅游业与文化产业、体育产业、房地产业、农业等产业的融合发展研究（孟铁鑫，2019；刘水良和吴吉林，2017；陈显富，2017）。随着数字技术的发展，有学者开始从价值链视角探讨互联网与音乐产业、电影产业、出版产业、旅游产业、游戏产业、动漫产业等文化产业的融合发展（刘慧贞和贺钥琪，2018；李慧，2011；高飞和于浩，2015）。已有研究主要集中于数字经济与文化产业的融合，而较少关注数字经济与实体产业的融合研究，即使有部分研究涉及，也只是对数字经济下制造业转型升级的必要性、动力机制等问题进行了初步探讨（王胜等，2020；刘悦，2023；郑媛和于梅，2019；牛子孺，2016；马莹，2018），没有对数字经济下制造业价值链进行系统性重构，从而很难发挥数字经济对制造业价值赋能的叠加效应和乘数效应。

已有的研究成果具有两个显著特点：①研究范围：已经突破了数字技术和电子商务的局限性，将研究目光转向生产领域，并且逐渐重视探讨数字经济运行及其与制造业渗透和协同发展的微观机理。②研究重点：由数字经济在个人消费领域的应用、数字经济产业化、数字经济与文化产业的融合，逐渐转向数字经济与实体经济的融合，并成为推动传统产业改造提升的强大动能。

已有的研究成果为本书奠定了较好的基础，但仍然存在一些不足：①从研究视角来看，大部分学者还是基于数字技术角度对传统制造业的数字化问题进行研究，较少有学者利用当前数字企业分布特征、立足数字经济下价值链技术重构和空间重构的新要求，系统把握价值链技术重构和空间重构下数字经济对制造业数字化转型的影响。②从研究方法来看，目前有关数字经济与实体经济深度融合的研究还处于起步探索阶段，因而大多采用的是对经济问题的现象描述，并没有解决产业数字化转型中数字技术创新等实质问题。但是，数字经济时代的技术创新驱动比任何时候都重要，如何利用大数据挖掘、互联网、人工智能和区块链等现代信息技术，实现实体经济数字化转型中的技术创新问题是至关重要的。③从研究内容上看，目前的研究主要集中在制造业数字化转型的必要性、重要性及微观企业应对策略上，缺乏从数字中国发展战略的高度系统深入研究数字经济与实体经济深度融合机理、路径选择与政策问题。因此，从价值链重构视角，运用现代信息技术，从数字中国发展战略的高度系统深入研究数字经济与实体经济深度融合机理、路径与政策问题，将是一项极具探索性的新课题。

# 1.3　研究思路、研究内容和研究方法

## 1.3.1　研究思路和研究内容

本书遵循"问题提出—理论研究—案例研究—现实指导"的框架思路开展研究，具体框架思路如图 1-1 所示。

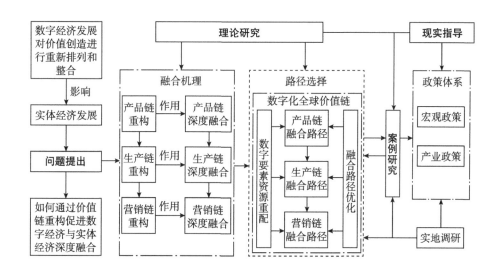

**图 1-1　研究框架思路**

在图 1-1 的框架思路下，本书的主要研究内容提纲如下：

（1）价值链重构下数字经济与实体经济深度融合问题再厘定

本书从数字经济发展及其价值链演变规律分析出发，探究数字经济对实体经济发展、路径选择带来的新变化，以及这种变化对数字技术发展的新要求。主要内容包括：①概念和研究视角的界定。界定"数字经济"和"价值链重构"的

内涵与特征，并根据数字经济发展下价值链的演变规律，确立问题研究视角的可行性和必要性。②数字经济对实体经济的影响。分析数字经济下价值链的演变特点对制造业发展的影响，以及这种影响对制造业的数字化转型发展路径选择等问题提出的新要求。③数字经济与实体经济深度融合的问题剖析。剖析当前制造业数字化转型中产品链、生产链和营销链的技术解构、技术重构和空间重构过程中存在的关键问题，探析数字经济与实体经济深度融合发展的基本条件与内在要求。

（2）价值链重构下数字经济与实体经济深度融合机理

从价值链重构视角下分析，数字经济与实体经济的深度融合的本质就是价值链的融合。为此，本书拟从价值链增值的主要环节入手分析价值链重构是如何影响数字经济与实体经济深度融合的。主要内容包括：①产品链重构促进数字经济与实体经济深度融合的作用机理。探讨通过产品链的解构，以及解构后数字化产品链的技术重构和空间重构促进数字经济与实体经济的产品链深度融合及价值增值的作用机理。②生产链重构促进数字经济与实体经济深度融合的作用机理。探讨通过对生产链的解构，以及解构后数字化生产链的技术重构和空间重构促进数字经济与实体经济的生产链深度融合及价值增值的作用机理。③营销链重构促进数字经济与实体经济深度融合的作用机理。探讨通过对营销链的解构，以及解构后数字化营销链的技术重构和空间重构促进数字经济与实体经济的营销链深度融合及价值增值的作用机理。

（3）价值链重构下数字经济与实体经济深度融合的路径选择

本书拟从价值链增值的主要价值环节入手分析数字经济与实体经济价值链深度融合路径。主要内容包括：①产品链深度融合路径。从数字产品技术入手，探讨如何通过对数字化产品链的技术重构和空间重构实现数字经济与实体经济的产品链深度融合。②生产链深度融合路径。从数字生产技术入手，探讨如何通过对数字化生产链的技术重构和空间重构实现数字经济与实体经济的生产链深度融合。③营销链深度融合路径。从数字营销技术入手，探讨如何通过对数字化营销链的技术重构和空间重构实现数字经济与实体经济的营销链深度融合。④路径优化。数字经济与实体经济深度融合后形成的价值链不再是简单的线性关系，而是演变为复杂的网络关系，即形成新的价值网链，如何确保融合后价值网链安全有序地运行，是确保数字经济与实体经济深度融合的关键。基于此，本书主要利用区块链技术设计价值网链中多方参与主体的信任机制，构建价值网链中"数字"创新要素的价值共享和应用体系，确保价值网链的安全有序运行。

（4）价值链重构下数字经济与实体经济深度融合发展的典型案例研究

本书拟以汽车制造业、工程机械制造业和电子设备制造业三个典型制造业为例，探讨数字经济与其深度融合发展的路径。主要内容包括：①数字经济与汽车制造业深度融合路径研究。探讨通过对汽车制造业产品链、生产链和营销链的解构，以及解构后数字化价值链的技术重构和空间重构实现数字经济与汽车制造业的深度融合发展。②数字经济与工程机械制造业深度融合路径研究。探讨通过对工程机械制造业产品链、生产链和营销链的解构，以及解构后数字化价值链的技术重构和空间重构来实现数字经济与工程机械制造业的深度融合发展。③数字经济与电子设备制造业深度融合路径研究。探讨通过对电子设备制造业产品链、生产链和营销链的解构，以及解构后数字化价值链的技术重构和空间重构实现数字经济与电子设备制造业的深度融合发展。

（5）价值链重构下数字经济与实体经济深度融合的政策建议

本书拟从分析企业和政府在实现数字经济与实体经济深度融合发展中的角色定位，探析价值链重构对数字经济与实体经济深度融合的政策要求和技术要求入手，制定价值链重构下数字经济与实体经济深度融合发展的政策方案。主要内容包括：①已有政策梳理和演变规律分析。全面归纳总结并反思我国通过技术创新驱动数字经济与实体经济融合发展的相关政策文件、法律法规，深入解析其中核心演变规律和动力机制，从而明晰价值链重构下数字经济与实体经济深度融合发展相关政策的着力点和重点。②宏观政策研究。从宏观层面，提出包括政策目标、政策主体、政策工具等内容的数字经济与实体经济深度融合发展的政策框架。③产业政策研究。从产业层面，根据不同制造业的数字化发展基础和条件、资源特征、数字技术创新能力等异质性特征设计出侧重点及实施进程不同的政策支撑体系和具体的政策建议。

### 1.3.2 研究方法

一是理论交叉法。本书创新性地将数字经济学的理论和方法交叉运用和融合到产业和区域经济理论，研究数字经济与实体经济深度融合机理、路径和政策。

二是案例分析法。本书无论是针对数字经济与实体经济深度融合的机理分析，还是对数字经济与实体经济深度融合的路径分析都结合了现实的案例，从而验证所研究的机理和路径的正确性和实践价值。

三是应用区块链技术进行分析。本书运用区块链技术，构建价值链中多方参与主体的信任机制，实现"数字"要素的价值共享和应用，解决全球数字化价值链安全运行的"信任"问题。

# 1.4 研究的创新之处

一是研究切入点的创新性。目前，有关价值链重构的认识基本是从空间角度分析的，认为价值链重构就是对价值链的空间重构。然而，本书认为，在数字经济背景下，价值链的重构的前提是对其进行技术解构，不仅应该包括价值链的空间重构，还应该包括价值链的技术重构。因此，本书研究的切入点与以往价值链重构的切入点是有本质区别的。本书研究的切入点"价值链重构"不仅包括价值链的空间重构，还包括价值链的技术重构，这是以往研究没有涉及的，尚属一种探索性研究。

二是学术观点的创新性。本书认为，数字经济与实体经济深度融合的本质是价值链融合。因此，价值链重构是实现数字经济和实体经济深度融合的首要任务。为此，可以通过对产品链重构、生产链重构和营销链重构分别实现数字经济与实体经济的产品链深度融合、生产链深度融合和营销链深度融合，同时对"数字"要素资源的优化配置实现价值增值,并借助区块链技术构建价值网链中多方参与主体间的信任机制,从而确保所形成的价值网链安全有序地运行。

三是研究方法的创新性。本书将主要采用最新的区块链技术围绕"数字资源的共享和安全"为主线构建价值链中多方参与主体间的信任机制。

# 1.5 本章小结

本章主要阐述整个项目框架的构建过程。首先,分析了选题的来源和意义,认为价值链重构是实现数字经济和实体经济深度融合的首要任务。本书认为,价值链重构应该包含两层含义:一是对原有价值链的技术解构;二是对解构后的价值链进行技术重构和空间重构。而对于解构后的价值链如何进行技术重构和空间重构,价值链的技术重构和空间重构又是如何推动数字经济和实体经济深度融合的问题都处于摸索阶段。为此,本书设计了"价值链重构视角下数字经济与实体经济深度融合机理、路径与政策研究",该项目选题从价值链重构视角,运用现代信息技术,从数字中国发展战略的高度系统而深入地研究数字经济与实体经济深度融合机理、路径与政策问题,在理论上探索出一种研究数字经济与实体经济深度融合的新思路,在应用上探索出数字经济与实体经济深度融合的新路径。其次,对整个项目的研究思路进行了设计,本书遵循"问题提出—理论研究—案例研究—现实指导"的研究思路开展研究,在整个研究中将涉及理论交叉法、案例分析法和区块链分析法等研究方法。最后,对整个研究内容进行了设计并提出了相应的创新点。

# 第2章 数字经济下传统制造业价值链重构的新解①

本章主要解决两个问题：①对有关价值链重构、数字经济下价值链的演变规律和特征的现有文献进行分析；②在此基础上，分析数字经济发展背景下，传统制造业价值链重构的内涵特征，进一步明确本书研究的核心问题。

## 2.1　引言

价值链重构是实现数字经济和实体经济深度融合的首要任务。要实现价值链重构，首先就要对数字经济下价值链重构的内涵进行清晰的界定。目前，对于有关价值链重构的内涵学术界尚未形成统一的界定和阐释。为此，本章将对价值链重构的内涵进行探究，以期形成新的理论认知，推动数字经济与实体经济的深度融合发展。

---

① 本章内容已经公开发表，有改动。参见：易秋平，刘友金．数字经济条件下传统制造业价值链重构新解［J］．北方经贸，2022（11）：42-46.

# 2.2 相关文献分析

## 2.2.1 价值链重构

学术界有关价值链重构的研究已有大量积累。近年来，在数字经济背景下，随着价值链的动态演变，有关价值链重构的研究又出现热潮（余振等，2018；高运胜和杨阳，2020；马永飞，2021；史丹和余菁，2021）。价值链重构的本质是在不断变化的价值创造环节中，企业对自身价值创造活动不断进行调整，从而形成适应市场变化的新价值链。这就涉及对原有价值链的分解和新价值链的整合（许晖和王琳，2015）。价值链重构系统具有三个内在基本特征：循环性、动态性和开放性。循环性表现为价值链重构系统中前后向关联企业之间的链接关系为网络结构，形成了一个循环结构；动态性表现为价值链系统不是一成不变的，会随着内在和外界环境的变化而变换；开放性则表现为价值链系统中的企业可以随时与外界进行任何生产要素和资源的交换活动。这样一种循环、动态和开放的价值链系统必然会受到外部环境、内生动力、生产者和消费者驱动因素的影响（Gereffi et al.，2001）。同时，价值链重构还受到产品内国际分工的影响。价值链重构是突破全球价值链低端锁定的必由之路（唐海燕和张会清，2009）。关于价值链重构的演进机理研究则主要从价值链、供应链和产业链三个视角展开，建立从国家价值链到全球价值链，或由国家价值链到区域价值链再到全球价值链的升级路径，并借助共建"一带一路"倡议，搭建"双嵌套双环流"的价值链体系，实现由"中国制造"向"中国市场"的转变（屠年松和易泽华，2018）。现有研究已厘清了价值链重构的概念、动因及实施路径，但对于价值链重构的内涵本质却少有新的探讨。目前，学术界似乎已默认价值链重构就是价值链的空间重构。

### 2.2.2　数字经济下价值链的演变规律和特征

1985 年，迈克尔·波特（Michael E. Porter）在其所著的《竞争优势》一书中首次提出价值链概念。最初价值链应用于单个企业内，是指企业创造价值互不相同，但又互相关联的所有经济活动的集合。每个创造价值的经济活动都属于价值链条的一个环节。企业价值链主要包括两个部分：企业基本增值活动和辅助增值活动，其中基本增值活动包括企业原材料供应、生产加工、成品储运、市场销售、售后服务五个环节；辅助增值活动包括企业基础结构与组织建设、人力资源管理、科学技术开发和采购管理等。随着国际外包业务的发展，波特又提出了价值体系概念，此时的价值链已跨越企业界限。此后，布鲁斯·科格特（Bruce Kogut）也提出了价值链理论，他更加强调价值链的垂直分离和全球空间再配置之间的关系。Gereffi 等（2001）则提出了全球价值链概念，用于分析产业联系和新国际分工问题。价值链的演变揭示了全球产业的动态性特征。如今，随着数字经济的快速发展，全球价值链分工受到影响。数字经济的兴起推动了跨国公司全球价值链新国际分工的多元化配置与重构，使全球价值链又出现向区域化演进（朱子龙，2020；郭周明和裘莹，2020）。综观现有研究，价值链的演变呈现出以下规律和特征：企业内部价值链—跨企业价值链—全球价值链—区域化价值链。

综上所述，数字经济的发展对产业的空间演变和价值链的空间演变产生了重要影响。基于此，在数字经济背景下，传统制造业全球价值链又将面临新一轮的重构。那么，数字经济下传统制造业全球价值链重构的内涵到底是什么？重构的本质又是指什么？本章将在下文中具体分析。

## 2.3　传统制造业价值链重构新解

目前，有关价值链重构内涵的认识，学术界尚无统一的界定和阐释。大多数学者是从价值链地理空间分布角度研究的，认为价值链重构就是对价值链的地理分布进行空间重构。也有少数学者认为，价值链重构会朝着以往不同的分工格局演变（李新忠，2020）。本章认为，在数字经济发展背景下，价值链的重构应该富有更多新的内涵。价值链重构不仅是空间的重构，还可以同时包含四个维度的重构：一是价值链的技术重构；二是价值链的分工重构；三是价值链的利益分配重构；四是价值链的空间重构。在这四个维度的重构中，技术重构要先行，因为技术重构是推动价值链重构的最核心因素。数字技术的发展使得分工的演变发生变化，分工的演变又促使利益分配格局的变化，最终使得价值链呈现出空间重构的特征，即价值链重构。

### 2.3.1　价值链的技术重构

随着数字经济的发展，新一轮产业革命和技术变革势在必行。传统制造业的价值创造在不同环节都面临着数字化的难题。因此，价值链的技术重构既是实现数字经济和实体经济深度融合的重点，也是未来价值链重构的关键。技术重构首先要对价值链进行技术解构，然后再对解构后的价值链进行技术重构。无论是解构还是重构，都是针对不同价值创造环节的，因此，我们应该首先对制造业产品的价值形成过程有个清晰的了解。为此，本章根据产品价值形成的过程把数字经济背景下制造业产品价值形成链解构为如图 2-1 所示，整个价值创造环节主要有：研发设计服务、原材料获取、生产管理、生产制造、分销、运输、售后服务和客户反馈环节。同时，按照产品价值形成过程（产品的研发设计服务—产品的生产—产品的分销）把整个产品价值形成链归为三个核心链：产品链、生产链和营销链。其中，产品链包括原材料获取和研发设计服务环节，生产链包括生产制造和生产管理环节，营销链包括运输、分销、售后服务和客户反馈四个环节。

在对制造业产品的产品链、生产链和营销链解构后，再对相应的价值创造环节进行数字化技术重构（见图 2-1 中的阴影部分），从而实现数字经济与实体经济的深度融合。有关价值链的数字化技术重构具体表现在以下几个价值形成环节：①产品链环节。产品链中原材料获取环节可应用机械自动化技术完成，研发设计服务可利用互联网技术面向所有潜在客户征集产品设计理念、设计图稿和设计需求，真正做到以需定产，实现一对一的个性化定制，提升顾客的感知价值。②生产链环节。生产链环节中管理环节可以利用信息集成技术来完成，制造环节可以应用机械自动化技术完成，从而提高企业管理效率，降低管理成本和生产成本。③营销链环节。营销链中分销环节可以利用互联网技术进行线上宣传、线上咨询、线上交易，完全实现网上分销模式。同时，还可以利用现代软件设备完成线上下单、线下交易。运输环节可以应用现代智能物流技术来完成产品的实时配送，节约顾客的时间成本，提升顾客的满意度。售后服务环节可以借助互联网技术、远程诊断技术和维修服务技术、便携式的维修辅助设备以及智能化维护等更好地服务顾客，降低顾客的产品购后成本。客户反馈环节则可以借助云计算和大数据技术充分获取所有顾客的产品使用信息，为企业产品的更新和升级提供新的指导方向。

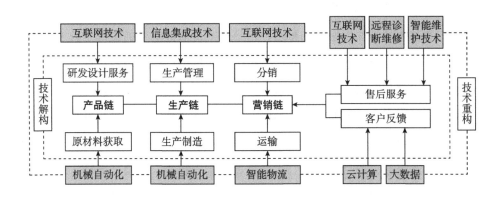

**图 2-1　数字经济下制造业价值链技术解构过程**

## 2.3.2　价值链的分工重构

随着数字经济的兴起，数据成为一种新的生产要素，新的生产要素创造新的分工，并成为引领价值链分工的重要创新要素（马丹和朱清，2021；肖新艳，2015）。作为新的生产要素，数据的获取、传输、分析、处理、资本化以及数据资源的市场化配置将显著改变传统价值链分工的治理模式。全球价值链分工的内涵演变与分工格局的重构成为一种必然趋势。

首先，在数字经济背景下，全球价值链的分工内涵被重新定义。全球价值链分工的内涵随着数字经济对原有经济形态的解构而演变，其分工不再是局限于区域与区域之间、国家与国家之间、企业与企业之间，而是一种基于数字平台的产品链、生产链和营销链的分工。未来的生产组织不再是以企业为主，而是实现企业组织的解构，由原来以"企业"为中心的生产组织转向利用数字平台链接到工具层面和设备层面的以"产品"为中心的生产组织，从而形成全球价值链分工的智能化运营体系。

其次，随着全球价值链分工内涵的转变，各国之间及大企业与小企业之间的分工地位也会发生改变。因此，这里的价值链分工重构涉及两个方面的重构：一方面是价值链分工地位的国家重构。价值链分工地位的国家重构并非由数据要素直接驱动，而是通过对劳动和资本的报酬比重改变而引起要素结构改变，最终影响价值链的空间分布，从而影响各国分工地位的改变。另一方面是价值链分工地位的企业重构。价值链分工地位的企业重构主要由数字化技术的发展所引起，数字化技术的发展为中小企业提供了更多参与全球价值链分工的机会，打破了原来大企业占据全球价值链各价值创造环节的战略垄断地位。更重要的是，数字化技术的发展在一定程度上改变了企业参与价值创造的方式。数据资源与实体经济的融合将有效地降低市场交易成本，提高资源的配置效率。因此，对于数据要素资源较丰富国家的中小企业来说，可以在此基础上积极推进其参与全球价值链的深度和广度，从而提升其在全球数字化价值链中的分工地位。

### 2.3.3　价值链的利益分配重构

"微笑曲线"理论[1]认为，在传统的制造业价值链价值创造过程中，上游的

---

[1]　微笑曲线（Smilling Curve）理论是由我国重要科技业者宏碁集团创始人施振荣于1992年提出的，用于分析产业链中不同环节附加值的分布规律。该理论认为，研发设计与品牌营销环节附加值最高，而中间的加工制造环节附加值最低，整体呈现两端高、中间低的弧形，形似微笑曲线。

研发和下游的营销是创造利润最高的环节，而中间的生产加工环节是创造利润较低的环节。但是随着产业的变革、制造业的服务化、网络技术的发展，在"互联网+"背景下，制造业的价值链已开始由"微笑曲线"呈现出"倒微笑曲线""彩虹曲线"（吴义爽等，2016）、"沉默曲线""悲伤曲线"的趋势（宋怡茹等，2017）。例如，在日本的汽车、机械等高技术制造业，44.4%的企业在加工制造和组装环节利润率最高，而非上游的研发和下游的营销环节，其价值链呈现"倒微笑曲线"（裘莹和郭周明，2019）。由此可见，随着数字经济的发展，未来传统制造业价值链的利益分配格局将面临重构。这种重构将主要表现在两个方面：

一是各国之间利益分配格局的重构。由于价值链各环节的价值创造发生了变化，而各国的比较优势和要素禀赋又是不一样的，因此，在新一轮产业变革中，各国原有的利益分配格局势必会被打破并重构。数据要素资源禀赋较好的中国应该借此契机抢占价值链的数字化先机，实现"弯道超车"。

二是各企业之间利益分配格局的重构。在传统制造业发展中，由于价值创造集中在上游的研发和下游的营销环节，而大企业的资金、技术等实力强大，因而占据全球价值链的高端环节，获得的利润自然比中小企业高。随着数字经济的发展，数据成为一种新型生产要素，新要素创造新分工，使得中小企业参与全球价值链的各种信息成本和迁移成本降低，提高了其参与全球价值链的机会和程度（郭周明和裘莹，2020）。同时，数字化变革改变了要素参与价值创造的方式。数字化技术的发展使得贸易范围、贸易规模、贸易途径以及贸易流通周转速度都获得提升，中小企业可以为全球潜在客户提供基于数字化的新产品和新服务，进而创造新价值。由此可见，未来大企业与中小企业会随着参与全球价值链的程度以及分工地位的变化而导致其利益分配格局发生重构。

### 2.3.4 价值链的空间重构

价值链的空间重构应该说只是价值链重构的一种呈现特征。由前面数字经济背景下演变规律和特征可知，全球价值链的重构呈现出以近岸外包为主、再外包为辅的区域化趋势（Gereffi and Fernandez-Stark，2019）。有关价值链空间重构的影响因素，国内外已有学者进行了探讨。Gereffi 和 Fernandez-Stark（2019）认为，本地制度质量与利益相关者、领导企业与供应商之间的治理结构、地理范围、投入产出结构、参与全球价值链企业的升级路径等因素对全球价值链发展有着重要影响。Fernandes 等（2020）通过实证分析得出，影响全球价值链发展的决定因素有本地制度质量、地理位置、市场规模、贸易与投资政策、要素禀赋等，是数字经济背景下全球价值链重构的重要因素。郭周明和裘莹（2020）认为，国内制度与相关政策、地理距离、价值链治理和升级、投入产出结构、要素禀赋是影响数字经济下全球价值链重构的重要因素。

本章认为，随着数字经济的发展，价值链发生空间重构除以上原因外，还有很重要的两个因素：数字化技术和即时生产能力。国家数字化技术发展越快、数字化平台构建越快、企业即时数字化生产能力越快，该国在未来价值链体系中越有利于占据网络重要节点。因为未来的产业价值链是一个数字化网链，该产业价值链上下游企业之间不再是单链，而是网链形态。有了数字网链后，一个行业的原材料供应商、零部件供应商、研发设计机构、生产企业、顾客等所有相关的信息都可以在网上被检索到，再加上智能化链接推送技术，任何一个企业都可能随时找到新的供求关系并借助数字平台迅速组织生产。因此，未来的价值链竞争更多地体现在数字化技术竞争和数字化生产能力竞争上，这势必带来新一轮的价值链空间重构。

# 2.4　本章小结

本章首先对价值链重构、数字经济背景下价值链的演变机制和特征等现有文献进行分析。在此基础上，对数字经济下传统制造业价值链重构进行了深入剖析，认为数字经济与实体经济深度融合的本质就是要实现价值链的融合，而要实现数字经济与实体经济价值链的融合，就要对制造业产品的价值链进行重构。价值链的重构不仅包括价值链的空间重构，还包括价值链的技术重构、分工重构和利益分配格局重构。空间重构只是价值链重构的一种呈现特征，而技术重构、分工重构和利益分配重构是价值链重构的本质内容，且技术重构要先行。

# 第3章 价值链重构视角下数字经济与实体经济深度融合的机理研究[①]

要想从价值链重构视角促进我国实体企业数实融合的深度发展，首先要清楚数实融合的内在逻辑机理。为此，本章主要从以下六个主要方面探讨数实融合的内在机理：①从价值创造的底层逻辑分析数实融合的内在机理；②从价值标准的变化分析数实融合的内在机理；③从价值创造的主体变化分析数实融合的内在机理；④从价值创造的组织变化分析数实融合的内在机理；⑤从价值流向的变化分析数实融合的内在机理；⑥从价值核心的变化分析数实融合的内在机理。

## 3.1 引言

从价值链重构视角来分析，数字经济与实体经济深度融合的本质就是价值链的融合。那么，价值链的融合究竟是如何促使数字经济与实体经济深度融合的？其内在机理是什么？本章试图对这些问题进行探索性研究，从而拓展数字经济与实体经济深度融合发展的思路，为我国实体经济的数字化转型提供一定的理论依

---

① 本章内容已经公开发表，有改动。参见：易秋平. 价值链重构视角下数字经济与实体经济深度融合机理研究 [J]. 湖南科技大学学报（社会科学版），2023（3）：92-102.

据和现实指导。

价值链概念最初是由迈克尔·波特（Michael Porter）在 1985 年提出的，是对企业创造价值互不相同但又互相关联的所有经济活动集合的总称，每个创造价值的经济活动都属于价值链条的一个环节。从该定义出发，可以得出，要对价值链进行重构，其本质要求是对创造价值的经济活动进行重构，即价值链重构首先是基于价值重构。[①] 因此，价值重构是促成数字经济与实体经济实现深度融合的关键所在。为何在产业数字化的过程中，需要通过价值重构来实现数字经济与实体经济的深度融合呢？原因在于，在产业数字化的过程中，在原有生产要素组合的基础上，数字化又增加了数字价值的组合，全新的产业价值被创造出来。新价值的创造势必打乱原来的价值生态体系，为此，需要重构新的价值生态体系，才能真正实现数字经济与实体经济的深度融合，完成制造业的数字化转型升级。那么，价值体系的变化是如何促进数字经济与实体经济的深度融合呢？下文将对此进行具体分析。

# 3.2　价值逻辑共生化

价值逻辑涉及企业的底层逻辑问题。在工业时代，满足顾客的需求是企业的关键价值所在。因此，企业的战略核心是通过比较优势获取竞争优势，从而打败竞争对手。在数字化时代，任何企业都很难独立地创造价值，因为数字经济背景下万物都是互联的，任何事物都处于相互连接、彼此关联的网络中（陈春花，2021）。因此，数字经济背景下企业与企业之间不再是单纯的竞争关系，而是一种共生关系。这就要求企业改变原来的价值逻辑，即由竞争逻辑转向共生逻辑。企业在做任何决策时都要考虑一个问题：我可以和谁共同为顾客创造新的价值。

---

① 这里的价值是基于用户的价值，在价值链的主链上，一定要坚持以用户为中心，把为用户创造价值放在首位。因此，这里的价值重构是以为用户创造价值为核心，对企业价值创造的逻辑、价值标准、价值创造主体、价值创造组织、价值流向、价值核心等进行重新认识，从而实现对原有价值链重构。

这意味着企业与合作伙伴之间、企业与竞争对手之间将真正实现由信息互联到商品互联再到思维互联的过渡，进而共生出全新的价值空间。例如，沃尔玛与宝洁公司从早期的竞争关系到后期的合作关系的演变，为制造商与零售商的双赢发展创造了典范。1962~1978 年，沃尔玛和宝洁公司之间的不良竞争愈演愈烈，双方在这场竞争中都受到了重创。后来，宝洁公司副总经理改变了战略逻辑，于 1987年 7 月以旅游形式与沃尔玛老板进行了会晤，双方达成了意向性的共生发展战略。1995 年，双方开启协同式供应链库存管理流程，双方的库存水平和经营成本都大幅降低。1996 年以后，双方的合作从物流层面拓展到人员培训、供应链预测与合作体系、客户关系管理、信息管理系统等领域。贝恩公司研究发现，2004 年沃尔玛 2560 亿美元的销售额中，有 3.5% 来源于宝洁公司的产品；而同年宝洁公司 514 亿美元的销售额中，8% 来源于沃尔玛（王桂花，2014）。由此可见，在数字经济背景下，实体企业需要运用价值共生逻辑，找到共同为顾客创造价值的合作伙伴，共同融入数字经济的发展，若孤立于价值链，企业单独融入互联网的意义不大，难以创造更大的顾客价值。

# 3.3　价值标准个性化

随着数字技术的发展，消费者的数字化程度越来越高，认知水平和行为特征也得到更全面的情况。新的价值主张日益显著，从"活下去"转向"活得更好"的趋势越来越明显，消费者对价值的评判标准发生了改变，传统企业对经济活动的价值认知局限在商品的价值层面。但如果商品的价值不能满足消费者的需求，则不但不能实现其价值，反而会降低其价值。因此，企业经济活动的价值，并不在于其投入的成本或服务所带来的商品价值，而是帮助消费者实现效用价值的最大化。而消费者对效用价值的认知是主观评价，通常有着细微却巨大的差异。为此，企业在对消费者价值进行评判时，应该采用个性化的标准去评判，这就需要企业对消费者的需求进行深入分析。按照马斯洛的需求层次理论，消费者的需求主要分为生理需求、安全需求、社交需求、尊重需求和自我实现需求五个层次。因此，企业在进行产品研发设计时，应该考虑如何通过数字化、智能化等技术，把商品的价值和顾客的需求价值融合起来，从而实现消费者的价值增值，最终促成产品的销售和企业整体的数字化转型。

例如，IBM Watson 与时尚品牌 Marchesa 合作，通过扫描数百张图像，分析大量时尚文章，并实时从社交媒体评论中捕捉情感数据，使礼服的颜色和灯光效果能够根据情绪反馈动态变化，从而研发出了全球首款具有"认知"能力的智能礼服（汤潇，2019）。该礼服借助先进的数字技术变得智能化，不仅能够满足消费者的生理需求，还能满足消费者的社交需求和尊重需求，实现产品价值与消费者需求价值的有效融合，从而最大化产品的附加价值和消费者价值。

# 3.4 价值主体多元化

价值主体多元化是指价值创造主体的多样化。传统制造模式下，价值创造的主体是企业，企业提供价值给消费者，消费者提供货币给企业，从而实现交易。随着互联网的发展，在线设计平台、在线软件服务平台、技能众包平台等各种形式的生产性服务业众包平台给企业研发设计提供了新的解决方案。企业可以借助这些众包平台，充分利用全社会的资源提供价值创造的源泉。这不仅节省了企业的交易成本，同时满足了消费者、供应商等不同主体对参与价值创造的需求。更重要的是，企业提供的产品更符合消费者的需求，创造了更高的顾客价值。当前，国家鼓励企业与研发机构等通过网络平台将研发设计环节中可以进行众包的部分任务进行分发和交付，从而达到降低企业的研发成本并提高企业产品质量和研发效率的目的，促进产品技术的跨学科跨区域融合创新（朱岩和黄浴辉，2018）。例如，2001 年，宝洁公司创立"创新中心"网站，将问题或任务放在该网站上，不仅研发能力提升了 60%，来自外部的创新比例也由原来的 15% 增加到 50%（新芽，2016），外围网络研发人员达到 150 万人，远高于宝洁公司内部 9000 多名研发员工（汪来喜等，2007）。可见，在数字经济与实体经济融合的过程中，无论是生产商、供应商，还是顾客、社会公众等，都可以成为价值创造的主体。只有充分发挥多主体的价值创造作用，才能加速数字经济与实体经济的融合。否则，仅依靠生产商企业进行顾客价值创造，很难实现数字经济与实体经济的深度融合。

# 3.5　价值组织平台化

价值组织平台化是指价值创造的组织要向平台化转型。传统的生产组织通常以"企业"为中心，但随着数字经济的发展，生产组织的方式也正在发生变革。未来的生产组织将对企业进行解构，由原来以"企业"为中心的生产组织，转向利用"数字平台"链接到工具层面和设备层面的以"产品"为中心的生产（杨雅玲，2021）。为此，在我国制造业的数字化转型中，应该从解构"企业"入手，以搭建"数字平台"为媒介，链接各制造企业的工具层面和设备层面，真正实现以"产品"为中心的生产组织方式，充分利用全球资源。小米为什么在短短 8 年的时间就能进入世界 500 强名单？深入分析，可以发现其高速发展背后的真正原因就是打造出了强大的"数字生态系统"。例如，"小米 IoT 平台"连接全球超过 1.32 亿台智能设备；小米开发者平台——"小爱开放平台"，拥有 7000 多名个人开发者和 1000 多家企业开发者，他们在这个开放平台协同共创价值，成为小米快速崛起的根本原因之一（陈春花，2021）。可见，在数字经济时代，企业要真正创造价值，只有通过平台建立可靠、信任和连接才能实现。正如马化腾提出的，要携手合作伙伴一起打造"没有疆界、开放分享的互联网新生态"。

# 3.6 价值流向逆向化

价值流，通常是指生产制造过程中，从原材料到成品并赋予其价值的所有活动，其中包括从供应商处采购原材料、企业对其进行加工后转变为成品、再由销售交付给客户的全部过程。除了原材料到成品的物流以外，企业内部、企业与供应商、企业与客户之间的信息沟通所形成的信息流也包括在价值流内。也就是说，价值流包括信息流和物流。价值流向逆向化主要是指信息流的逆向化。传统制造业企业的信息流向，都是由企业流向顾客的正向流动，即企业生产出产品后，通过广告等传播途径，让消费者获知信息，进而产生购买行为。但随着网络经济的发展，"互联网+"的路径则表现为从顾客到生产端、服务端的"逆向化"流向。互联网经济下，企业的成功更多地取决于重视"顾客端"的体验。企业需要先对顾客的需求数据进行分析，并据此研发设计出产品，再推向市场。以消费品为例，顾客端"个性化、小批量、多批次、快响应"的变化，直接传导到企业生产端和原材料供应端，这就要求生产端和原材料供应端必须实现与"顾客端"的"数据互通"和"灵活响应"（见图3-1）。服装行业的"CBMM"新模式就是价值流向逆向化的典型（汤潇，2019）。

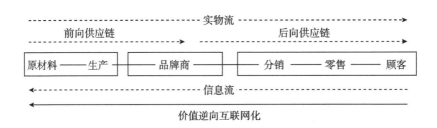

图3-1 由顾客端至生产、服务端的"价值逆向互联网化传导"

# 3.7　价值核心创新化

所谓价值核心创新化，是指数字经济时代企业的价值核心不仅要满足顾客的需求，更要创造顾客需求。在数字化时代，顾客的某些需求是可以被创造出来的，顾客甚至从未想象过自己有这些需求，或者根本无法发现这些需求。在德鲁克看来，企业的定义只有一个，那就是"创造顾客"（陈春花，2021）。而在数字时代，企业的定义也只有一个，那就是创造顾客价值。那么顾客价值到底如何创造出来？本书认为，必须从在根本上实现产品价值和顾客需求价值的价值融合入手。一是产品的价值。这里的产品价值是指整体产品概念的五个层次价值①，具体包括核心产品价值、形式产品价值、期望产品价值、延伸产品价值和潜在产品价值（见图 3-2）。二是需求的价值。需求价值论是一种新的理论，即从"需求"的角度对价值进行分析。我们可以把需求价值分为生理需求价值、安全需求价值、社交需求价值、尊重需求价值、自我实现需求价值（见图 3-2）。只有把产品价值与需求价值融合，才能真正创造顾客价值。

如何实现产品价值与需求价值的融合，从而创造新的顾客价值？可以从两个维度观测，以发掘新的价值机会：一是技术端。实体企业必须融合数字技术，才能满足和创造顾客价值。只有借助数字技术的应用，才能实现实体经济的价值与虚体经济的价值融合，从而为顾客创造全新的价值。二是顾客端。顾客价值创新化的关键还是回归顾客需求价值，而非简单投入更多的研发经费。1998 年，乔布斯在接受《财富》杂志采访时说："创新与公司研发投入的多少没有必然关系。"他指出，当苹果推出 Mac 的时候，苹果的研发投入还不到 IBM 研发投入的百分之一。由此可见，只有把产品的价值与顾客的需求价值融合起来，才能真正实现顾客价值创新。例如，上海杨浦区长白新村街道实施了"智能水表"项目改

---

① 　整体产品概念的五个层次是：核心产品、形式产品、期望产品、延伸产品和潜在产品。

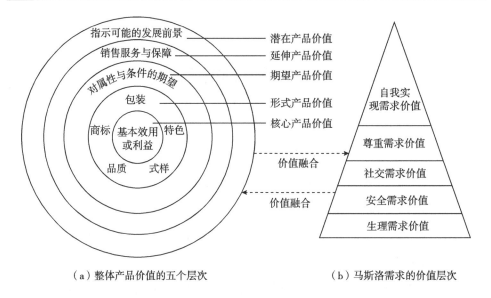

（a）整体产品价值的五个层次　　　（b）马斯洛需求的价值层次

**图 3-2　整体产品价值与顾客需求价值融合**

造，该"智能水表"除具有普通水表的功能外，还能监测独居老人生命安全。因为现在很多独居老人独居家里，如果在家里出现意外很难被发现。而"智能水表"可以监测老人安全。如果一个老人家中智能水表 24 小时的用水量低于 0.01 立方米或高于 2 立方米，那么智能水表的后台 AI 系统就会发出自动预警①，这样就可以第一时间联系到老人的家属或物业管理员上门探望，同时智能水表后台还会发送预警短信到关爱员或者居委会干部手机上，并通知其上门探望，避免老人在家中发生意外。所有的预警在社区干部或老人家属上门探望后，再通过智能终端设备系统确认，从而形成完整的工作闭环。该"智能水表"有效地把产品价值和客户的安全需求价值融合起来，实现了顾客价值创新。

---

① 让科技更有温度！智能水表"守护"TA 们［EB/OL］．人民网，［2023-07-14］，http：//sh. people. com. cn/n2/2023/0714/c134768-40494415. html.

# 3.8　本章小结

本章研究得出，价值链重构是实现数字经济和实体经济深度融合的首要任务，该过程以价值重构为基础。基于此，可以通过价值逻辑共生化、价值标准个性化、价值主体多元化、价值组织平台化、价值流向逆向化和价值核心创新化来实现价值系统的重构，从而促进数字经济与实体经济深度融合。

# 第4章　价值链重构视角下数字经济与实体经济深度融合机制与成长路径研究[①]

本章主要解决以下三个主要问题：一是对产业融合的相关研究进行分析；二是在此基础上，剖析数字经济与实体经济深度融合的机制；三是对数字经济与实体经济深度融合路径进行分析。

## 4.1　引言

数字经济与实体经济深度融合到底"融"的是什么？有关产业融合的理论认为，产业融合的理想化时间序列是从科学融合到技术融合、市场融合，再到产业融合（Curran and Leker，2011；Curran et al.，2010）。也有学者从产业融合的不同阶段分析，认为融合有四个阶段：知识融合、技术融合、应用融合和产业融合（Hacklin et al.，2010）。根据已有研究，产业融合是一个循序渐进的过程，主要是由知识的跨界融合到技术的跨界融合，再到市场的跨界融合，最终引发产业融合。这种跨界融合使得原有的产业价值链被"破坏"，必须对价值链进行重

---

① 本章内容已经公开发表，有改动。参见：易秋平. 价值链重构下数实融合的运行机制与路径研究[J]. 集美大学学报（社会科学版），2024（5）：44-55.

新排列和整合，即价值链重构。因此，从价值链重构视角下分析，数字经济与实体经济深度融合，其实"融"的就是价值链，要实现这种深度融合，需要什么样的机制保障，其融合路径又是什么？本章拟对这些问题进行尝试性探讨。

# 4.2　产业融合相关研究的文献综述

产业融合是随着技术创新与技术扩散的发展而出现的一种新的经济现象。有关产业融合的思想最早可以追溯到美国学者罗森伯格（Rosenberg，1963），其在对美国机器工具的产业演化研究中发现，同一技术存在向其他产业扩散的情形，并把该情形定义为"技术融合"（Rosenberg，1963）。1978年，美国麻省理工学院的媒体实验室创始人尼古拉斯·尼葛洛庞帝（Nicholas Negroponte）用三个相互交叉的圆圈代表印刷业、广播和计算机三者之间的技术融合，并指出未来创新最多、产业发展最快的领域将是印刷业、广播和计算机三者之间的技术融合交叉领域。他的思想引起了学术界的关注（马健，2006）。1994年，美国哈佛大学商学院举办了世界上第一次关于产业融合的学术论坛"冲突的世界：计算机、电信以及消费电子学"。后来，随着美国信息技术革命的爆发，有关产业融合的研究开始从理论领域慢慢向实践领域延伸。国内外学者纷纷就产业融合这一新兴经济现象进行探究。综观国内外目前有关产业融合的研究文献，主要是从产业融合的概念和内涵、产业融合的方式和类型、产业融合的动因等方面进行分析。

## 4.2.1　产业融合的概念和内涵

由于产业融合是新兴经济现象，且学者们从不同视角进行研究，导致产业融合的概念至今尚未形成统一的认知。现有的研究主要从技术、产品、市场等视角来界定产业融合。①技术视角。Rosenberg（1963）早期的产业融合思想就是从技术角度分析的，认为产业融合就是"技术融合"。基于技术融合视角分析，产业融合是指不同产业知识和技术基础共享的过程（Tunzelmann，2001；张磊，2001）。或者说是一种技术在很多个产业中被广泛扩散，从而促使创新活动不断产生的过程（岭言，2001）。当某一产业的技术对另一产业的价值创造活动、竞争、产品等产生显著影响时，则意味着发生了技术融合（Lei，2000）。Gains（1998）则认为，产业融合就是旧技术不断被新技术替代的过程。②产品视角。Yoffie（1997）认为，产业融合是对采用数字技术后原本各自独立的产品进行整合的过程。Stieglitz（2002）认为，产业融合是指以产品为基础的融合。产业融合就是通过使用不同的技术提供互补性和替代性的产品，因此，这种融合又分为互补性融合和替代性融合（Greenstein and Khanne，1997）。③市场视角。Lind（2004）指出，融合是消除市场准入障碍和产业界限后，原本各分离市场的合并，这种融合最终能否成功需要经过市场的检验。只有那些达到生产率提升和相应收入弹性的才算实现了真正的融合。此外，还有学者从产业边界（植草益，2001）、价值链（Greenstein and Khanne，1997）、模块化（朱瑞博，2003）、产业属性（厉无畏，2002；陈柳钦，2007）等视角研究了产业融合的内涵。

### 4.2.2 产业融合的方式和类型

由于学者们从不同视角对产业融合进行了定义，因而有关产业融合的分类不统一。目前，根据研究目的不同，主要从技术角度、产品角度和市场角度进行了归类。①从技术角度分析。产业融合可以分为技术互补型产业融合、技术替代型产业融合和技术整合型产业融合（张磊，2001；Stieglitz，2002）。这种类型的产业融合主要是通过技术扩散和技术渗透的方式进行的。例如，Rosenberg（1963）提到的抛光、研磨和钻孔等技术的出现，替代了自行车、缝纫和火器产业的技术，出现了机器工具产业。②从产品角度分析。产业融合分为产品互补型融合、产品替代型融合和产品结合型融合（周振华，2004；胡金星，2007）。这种类型的融合主要是由于产品功能互补、相互替代和相互渗透所引起的。因为产品仅是消费者获取某种功能的载体，同样的功能可以通过不同的产品载体来满足。③从市场角度分析。产业融合可以分为源于供给方的机构融合和源于需求方的功能融合，也可以分为供给驱动的融合（高机构和低功能融合）、需求驱动的融合（低机构和高功能融合）和纯粹的融合（高机构和高功能融合）（Malhotra，2001）。此外，也有学者基于产业融合的方式把产业融合分为渗透融合、延伸融合和重组融合（胡汉辉和刑华，2003），基于产业间融合程度把产业融合分为部分融合、完全融合和虚假融合（马健，2005），基于产业融合的方向把产业融合分为横向融合、纵向融合和混合融合（胡永佳，2007）。

### 4.2.3　产业融合的动因

目前，学术界有关产业融合的动因研究主要有两种代表性的观点：①技术创新驱动。技术创新是促使产业融合的内在驱动力（于刃刚和李玉红，2003），也是产业融合发生的根本动因（Blackman，1998）。随着技术创新在不同产业之间的渗透和扩散，共同技术基础逐渐在不同产业之间形成，使得不同产业之间的产业边界逐渐模糊，出现产业融合现象，即技术创新打破了原来清晰的产业边界，产生了产业融合。②管制放松。产业融合发生的前提是存在"原本各自独立、性质各异的产业"，即产业融合的产生是建立在产业高度分化的基础之上的。如果没有高度分化的产业结构，壁垒分明的产业边界也就不可能形成，产业融合也就无法发生（单元媛，2012）。而不同产业的进入壁垒之所以被破除，其主要原因是政府放松了经济性管制。因此，政府管制放松是导致产业融合的动因（周振华，2004）。还有一些学者认为，观念创新（张磊，2001；朱瑞博，2003；于刃刚和李玉红，2003）、范围经济（陈柳钦，2007）、需求变动（聂子龙和李浩，2003）和经济全球化等因素也是促使产业融合形成的原因。综上所述，产业融合是由各种因素相互作用、相互影响所致。

# 4.3 数字经济与传统制造业深度融合过程与机制

## 4.3.1 数字经济与传统制造业价值链融合过程

价值链重构视角下数字经济与实体经济的深度融合，其实"融"的就是"价值链"。那么，为了深入探讨价值链重构视角下数字经济与传统制造业深度融合的机制，有必要对数字经济与传统制造业的价值链融合过程进行剖析。根据前文的研究，数字经济与传统制造业深度融合的过程就是价值链的技术解构和技术重构的过程（易秋平和刘友金，2022），其过程如第 2 章的图 2-1 所示。

从图 2-1 可知，整个产业融合的过程就是产品链、生产链和营销链融合的过程。其中，产品链融合主要借助互联网技术和机械自动化技术实现研发设计服务和原材料获取环节的数字化融合，生产链融合主要借助信息集成技术和机械自动化技术实现生产管理和生产制造环节的数字化融合，营销链融合主要借助互联网技术、智能物流、远程诊断技术、维修服务技术、智能维护技术、云计算和大数据等实现分销、运输、售后服务和客户反馈四个环节的数字化融合。

通过对传统制造业产品链、生产链和营销链的技术解构和重构，构建了一条新的产业价值链的价值通道，并形成新的产业价值链系统（见图 4-1）。

由图 4-1 可得，融合后的新产业价值链是一个错综复杂的网络。新的产业价值链是由产业链内 N 个企业的价值活动通过一定的价值通道衔接而成的价值链。新的产业价值链是通过对原有价值链上各个企业价值链的整合，并对企业之间的价值壁垒消除后所形成的一个统一协调、畅通高效的价值链网络。价值活动链通

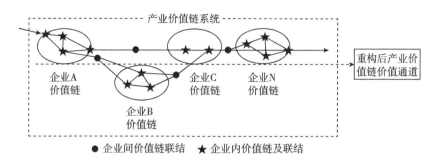

**图 4-1 新的制造业价值链系统**

过对原有价值活动的解构和重构，各个价值活动的价值创造能力得到显著提升，各个价值链之间的关系更加紧密，各个企业之间的价值活动更加统一和协调，进而使得价值传递通道更加畅通高效，整个产业链的价值创造能力比原来各企业单独创造的价值总和要高得多，从而形成新的产业价值增值。新的产业价值链是一个动态的系统，组成该价值系统的企业并非一成不变，而是不断变化的。在价值发现和再创造的过程中，产业价值链将持续不断地进行重构和再重构。数字经济与传统制造业产业融合的过程本质上是对制造业价值链系统进行重构和再重构的过程。

### 4.3.2 数字经济与传统制造业深度融合机制

在深入分析数字经济与传统制造业的价值链融合过程后，本书认为，在价值链重构视角下，数字经济与传统制造业深度融合机制应该从产品链、生产链、营销链和全价值链进行探讨，以下是各价值链环节深度融合的机制分析。

4.3.2.1 产品链深度融合机制：构建生产者与消费者价值共创平台

首先，要明确产品链的概念。这里的产品链与通常的产品链概念存在差异，确切地说是概念产品链，即由新产品开发的不同价值环节所构成的链（见图 4-2）。由图 4-2 可知，概念产品链主要包括新品构思、筛选剔除、概念形成、初拟规划、商业分析、新品研制、市场试销等环节。所有这些环节都是围绕一个目的，旨在为消费者创造具有更高附加价值的产品。但每个消费者的价值需求存在差异，而产品开发通常由生产者主导。这就导致产品提供的价值很大程度上与消费者的需求价值是不匹配的。为此，在数字经济背景下，应利用数字技术、信息技术和人工智能等先进科学技术，构建生产者与消费者的价值共创平台机制，形成价值生态圈。正如张瑞敏提出的，要做生态圈，做并联平台的生态圈，才能生生不息（忻榕等，2022）。其次，通过生产者与消费者的价值共创平台，实现产品价值与消费者的需求价值深度融合。从产品链各环节的价值创造来看，新品构思、筛选剔除和市场试销价值环节都可以借助生产者与利益相关者价值共创平台来实现。新品构思可以利用消费者、科学家和设计师、供应商、经销商等利益相关者进行众创，然后再借助平台进行投票筛选剔除，最后确定概念产品。概念产品确定后经过生产商初拟规划、商业分析后进行新品研制，再借助网络平台进行市场试销，并收集客户反馈信息，以进一步对新产品进行改善和优化，生产出使消费者完全满意的产品。

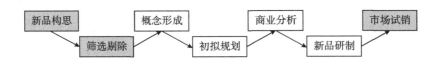

**图 4-2　概念产品链构成**

例如，海尔从"人单合一"① 到"海创汇"，其改革步伐从未停止。2013年，海尔开放创新平台 HOPE，致力于打造智慧家庭全球最大技术创新入口和交互平台，宗旨是服务全球的创新用户，通过整合全球用户智慧，实现创新产生和转化，最终实现各相关方的利益最大化。2017 年前后，海尔在中国、西班牙、德国、美国等国家成立了十大研发中心，通过内部 1150 名接口人，与全球 120多万名科学家和工程师、十多万家一流资源进行紧密连接，构建了一流资源的创新生态圈。每个创新研发中心本质上都是一个放大器和连接器，可以实现与本地

---

① 所谓"人单合一"，"人"指员工，"单"指用户价值，"合一"指员工的价值实现与所创造的用户价值合一，组合一起的意思为，每个员工都应该直接面对用户，创造用户价值，并在为用户创造价值中实现自己的价值分享。

创新用户的合作，形成一个遍布全球的开放式创新网络平台。通过这样一种价值共创平台，海尔真正实现了价值链前端的个性化和创客化，不仅节省了新产品设计研发成本，还实现了企业产品价值与用户需求价值的高度匹配，使消费者满意度最大化。

4.3.2.2　生产链深度融合机制：构建各业务流程的数字化协同制造平台

生产链是指概念产品通过市场试销后确定正式生产制造过程及管理的各业务环节的集合。生产链的深度融合需要生产链上所有业务流程的数字化协同，否则，单个业务环节的数字化很难实现生产链的深度耦合。因此，要实现数字经济与传统制造业生产链的深度耦合，需要构建生产链各业务流程的数字化协同平台以实现生产链各业务流程的数据协同、流程协同和即时协同，从而实现生产率的提升。生产链各业务流程的数据协同、流程协同和即时协同需要实现数据编码统一、数据组织模式统一和公共资源管理统一。其中，数据协同主要是协同工作区、知识库和公共资源，基于闭环的数据反馈和并行工程的数据发放等；流程协同主要是远程流程的控制；即时协同主要是通过电子论坛、网络会议和协同空间等实现即时沟通，确保信息数据流动的高效畅通。构建生产链各业务流程的数字化协同平台可以节省成本、优化企业资源配置效率、提高产品质量、促进数字经济与传统制造业生产链的深度耦合、加快企业数字化转型进程。

例如，我国大型飞机 C919 的生产链各业务流程就是通过数字化协同制造平台实现了制造过程协同、厂所协同和系统集成（梁可，2015）。其制造过程协同主要涉及工程物料清单管理（EBOM 管理）、工艺物料清单管理（PBOM 管理）、制造物料清单管理（MBOM 管理）、工艺文件编制、制造质量管理和工装数据管理（见图 4-3）。厂所协同主要是厂所间跨系统的业务流程协同和物理隔离环境下的数据交换。厂所间在对技术标准和管理统一的基础上并行产品数字化定义，建立协同工作的基础，再通过厂所间设计数据发放和接收，跨系统的工艺会签，以实现在制造协同平台中建立完整的设计物料清单（BOM），实现设计 BOM 和制造 BOM 的统一管理。系统集成主要涉及计算机辅助工艺编制系统（CAPP 系统）、工装管理系统集成、生产管控系统集成、档案系统集成和质量系统集成。

借助数字化协同制造平台，C919 产品数据源机制得以构建，从而使得 C919 制造过程中的全部数据及流程可以高效管理。

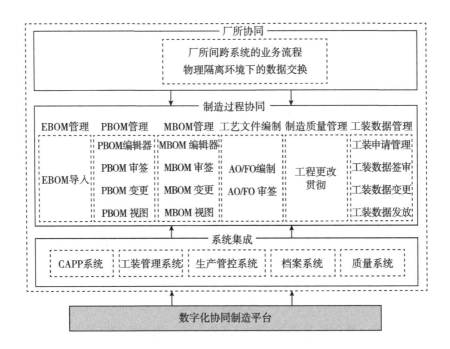

**图 4-3　C919 数字化协同制造平台业务功能框架**

资料来源：梁可 . 数字化协同制造平台在 C919 研制过程中的应用研究［D］. 哈尔滨工业大学硕士学位论文，2015.

### 4.3.2.3　营销链深度融合机制：创建消费者数字化体验平台

营销链是指产品从制造完成后到消费者手中的所有价值活动的集合。营销链所有业务活动的本质不是卖产品，而是传递用户价值信息的过程。就数字化世界而言，用户的体验需求已经成为数字化品牌营销体系中最核心的部分。有体验就有服务；有服务就有连接；有连接就会有同频的共情和陪伴，才能实现消费者的精神价值和个性价值，提高产品的附加价值，实现产品价值的最大化。有关数字化用户体验的研究数据证明，在数字经济发展背景下，如何实现向消费者传递无缝的连续性体验是企业将面临的关键难题（杨家诚，2021）。为此，营销链要实现深度融合就应当创建消费者数字化体验平台（见图 4-4）。

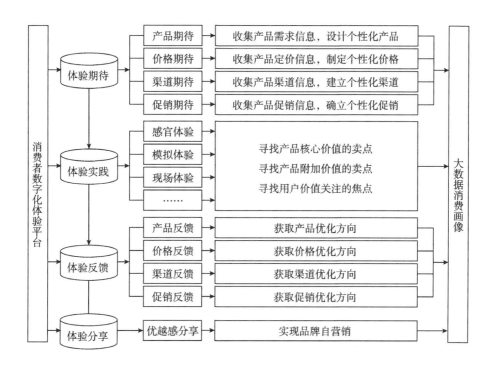

**图 4-4　消费者数字化体验平台**

通过该消费者数字化体验平台实现消费者数字化体验期待——体验实践——体验反馈/体验分享——新的体验期待的连续性闭环连接。消费者借助数字化体验平台，可以将自己对产品、价格、渠道和促销的期待描述出来。企业则通过平台可以收集产品需求偏好信息，设计个性化产品；收集产品定价信息，制定个性化价格；收集消费者渠道偏好信息，建立个性化渠道；收集产品促销偏好信息，确立个性化促销方式。企业通过收集消费者的各种体验反馈，可以找到产品核心价值和附加价值的卖点和用户价值关注的焦点。最后，消费者在实践体验后对产品、价格、渠道和促销进行体验反馈，企业通过数字化体验平台的体验反馈获取产品、价格、渠道和促销的优化方向。同时，消费者在数字化体验平台进行体验分享，达到企业品牌的自营销。要特别注意的是，消费者进行体验分享的原因不是你的产品有多好，而是因为你的产品让用户变得有多好。用户不会仅因为你的产品好而分享，用户只会因为你的产品让他获得满足感而分享。企业通过消费者数字化体验平台可以较清晰地获取大数据消费画像，更加精准地设计营销策略，最大化消费者满意度。数字化体验平台构建的关键是获取大数据消费画像，挖掘和创新消费者的潜在体验需求，并借助信息化、数字化等技术手段，将消费者的潜在体验需求融进产品的设计中，达到让消费者自愿分享，实现品牌自营销的目的。

例如，海尔的 T3 嫩烤箱——"一台可以直播的烤箱"，市场反响热烈。这款烤箱里安装了耐高温的高清摄像头，可以把用户整个烘焙食物的过程实时全程拍摄。同时，用户还可以通过专属 App "烤圈" 一键分享其烘焙图片和视频（汤潇，2019）。这一举措不仅可以让用户把自己的体验分享给家人和朋友，还可以轻松建立专属的烘焙圈子，对食物烘焙口感等问题进行交流。同时，企业也可以通过该平台进一步了解消费者体验反馈，进而实现烤箱进一步优化升级和创新。海尔 T3 嫩烤箱火爆的原因是挖掘和创新消费者的潜在体验需求，并借助信息化、数字化等技术把消费者的潜在体验需求巧妙地融入产品创新中，同时借助消费者数字化体验平台让用户将其体验实践分享出来，达到品牌的自营销。

4.3.2.4 全价值链协同融合机制：构建全价值链运营数字孪生系统

数字经济要实现与实体经济的深度耦合，不仅是产品链、生产链和营销链实现深度融合，还需要实现全价值链的协同融合。这就需要对原有产销研协同体系进行重构，提高从消费者下单到消费者收货的全价值链运营和协同效率。即通过构建全价值链运营数字孪生[①]系统实现。数字孪生是作为认知和分析最重要的技术趋势，2020 年，德勤在最新技术趋势报告中引用互联网数据中心（IDC）、Markets 和 Markets 的研究数据对数字孪生技术开展研究：2020 年，全球数字孪生市场的价值达到 51 亿美元，预计到 2035 年全球数字孪生市场规模将增加到 1151 亿美元（Leng et al.，2021）。如此美好的市场前景让很多公司看到了曙光，全球

---

① 数字孪生就是针对物理世界中的物体，通过数字化的手段在数字世界构建一个一模一样的实体。例如，3D 打印、模拟仿真等都是对物理环境的映射。

大多数企业已经将数字孪生纳入中长期战略规划中（唐隆基等，2022）。我国企业在数字化转型过程中，也应该抓住数字孪生发展的契机，构建全价值链运营数字孪生系统，实现对企业研发模式、订单处理模式、生产模式和销售模式的优化，实现整个价值链的流程贯通、信息共享，以及传统产销研协同系统的优化升级，打造数字生态链协同体系。同时，借助数据汇聚、存储、计算、建模等技术，实现物理空间与赛博空间的交互映射，形成数据融合、模型融合、物理融合和服务融合的数字孪生交互与协同，进而实现数字经济与实体经济的全价值链协同融合。

例如，首钢股份作为首钢集团下属的唯一上市公司，应认识到数字化转型的必要性和迫切性，大力推动数字技术和钢铁行业的深度融合，打造全价值链运营数字孪生系统（陈春花，2021）。首钢股份通过对产销协同体系进行重构，极大优化了订单处理模式。通过将生产工艺参数知识化形成冶金规范码、将用户需求结构化形成产品规范码，用户订单录入以后就可以自动化完成合同处理，自动生成生产工艺参数、尺寸精度要求、表面质量要求、质保书要求等信息，并传达到生产现场，极大提升了产销转换效率。同时，首钢股份还采用互联网新技术，构建二方电商平台，打造供应链生态协同体系。客户可以在电商平台上自助下单、配款、提货、结算。首钢股份还与美的、一汽等客户进行电子数据交换，在数据共享和流程交互方面形成了无缝对接。此外，首钢股份采用模块化搭积木的方式打造了企业运营数字孪生系统，对业务活动进行描述、诊断、预测、优化，从而对业务数据实现一键统计、对异常原因实现动态管控、对业务问题实现可视展示、对业务决策实现优化。由此，首钢股份做到了把价值链每个环节的数据聚合在一起，同时借助数据汇聚、存储、建模、计算等技术，实现物理空间与赛博空间的交互映射。首钢股份通过打造全价值链运营数字孪生系统，实现了全价值链的协同融合，并让数据成为驱动客户价值创造的新要素，实现了与利益共同体的共同发展。

# 4.4 数字经济与传统制造业深度融合方式与成长路径

由数字经济与传统制造业深度融合机制分析可得,建立价值共创和共享平台机制是实现数字经济与传统制造业深度融合的重要机制。在此价值融合机制下,数字经济与实体经济深度融合成长的过程实质上是产业价值创新的过程。要深入了解数字经济与传统制造业深度融合成长路径,首先要清楚数字经济与传统制造业的融合方式。本书认为,数字经济与传统制造业主要通过产业价值渗透、产业价值交叉和产业价值重塑三种融合方式来达到数字经济与传统制造业的技术融合、业务融合和市场融合的产业价值创新。

## 4.4.1 数字经济与传统制造业的融合方式

### 4.4.1.1 产业价值渗透

产业价值渗透是指数字产业的技术或产品应用或扩散于传统制造业,实现传统制造业的智能化(见图4-5)。原本属于不同产业的价值活动通过技术创新或者管理创新,无摩擦地渗透到另一产业中,并在原来两个产业的边界处融为一体,形成新型产业。

**图4-5 产业价值渗透的融合方式**

由于数字产业技术具有倍增性和渗透性的特点,可以广泛渗透到传统制造业中,并对传统制造业生产效率具有极大的提升作用,为传统制造业带来了生机和活力。同时,数字产业技术还通过与传统制造业的融合,形成了新的产业形态,开拓了新的发展领域。例如，汽车电子产业是由电子信息产业与汽车产业渗透融合形成的；机械电子产业是由机械与电子产业的渗透融合形成的；航空电子新兴产业是由信息产业与传统航天制造业的渗透融合形成的。

### 4.4.1.2　产业价值交叉

产业价值交叉是指两个产业的融合通过产业间经济活动价值的互补和延伸方式实现。这种融合方式往往是通过各自产业活动或产业链的延伸在各自产业的边界处发生交叉融合，从而使原有的产业边界变得模糊或消失，进而形成融合型产业（见图 4-6）。这种融合方式可以对原有产业进行赋能，提升原有产业的附加值和竞争力。但是这种融合方式不是产业的完全融合，只是原有产业的"部分合并"，虽然原有产业依然存在，但融合后的产业结构也出现了新的形式。

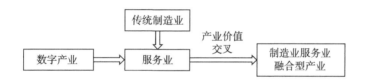

**图 4-6　产业价值交叉的融合方式**

产业价值交叉融合方式通常表现为服务业向传统制造业的产品链、生产链和销售链各价值活动环节进行全方位的渗透，设计、研发、培训、管理、法律、金融、广告、批发、物流、技术创新、客户关系管理、售后等服务在传统制造业中的比重和发挥的作用越来越大，相互之间融合成不分彼此的新型产业体系，即现代制造服务体系。

### 4.4.1.3　产业价值重塑

产业价值重塑是实现数字经济与传统制造业深度融合的一种重要方式。这种融合方式通常发生在两个具有紧密关联的同一大类产业的不同子产业之间（见图 4-7）。产业 A 和产业 B 原来生产各自独立的产品或服务，通过产业链的延伸和融合，生产出新型的产品或服务。

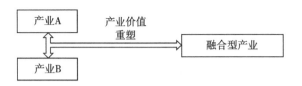

**图 4-7　产业价值重塑的融合方式**

例如，第二产业内的通信技术、自动化技术、机器制造、计算机等子产业之间通过产业价值重塑的方式，融合成新的产业形态——机器人产业。这种重组融合与普通的产业纵向一体化不同，不仅形成了新的产业形态，还形成了新的商业模式，促进了产业的升级换代，代表了产业未来的发展方向。

### 4.4.2　数字经济与传统制造业的深度融合成长路径

数字经济与传统制造业的深度融合成长实质上是产业价值创新的过程，即通过产业价值渗透、产业价值交叉和产业价值重塑，形成产业价值的融合，产生新的复合价值效应。这种复合价值效应主要表现为价值逻辑创新、价值组织创新、价值主体创新、价值核心创新、价值标准创新和价值流向创新。企业的价值逻辑由原来的竞争化转向共生化；价值组织由原来的以"企业"为中心，转变为以"产品"为中心；价值主体由单一化转变为多元化；价值核心由原来的满足顾客需求转变为创造顾客需求；价值标准由原来的统一化转变为个性化；价值流向由原来的正向化转变为逆向化（易秋平，2023）。价值逻辑、价值组织、价值主体、价值核心、价值标准和价值流向的创新使得传统制造业的成长空间得到了极大的拓展，并形成产业新的价值增长点：触达终端、集成功能、重构场景和共生价值，实现了数字经济与传统制造业的融合成长。数字经济与传统制造业融合成长的整个过程体现了产业价值创新过程的演化轨迹，其融合成长的路径如图 4-8 所示。

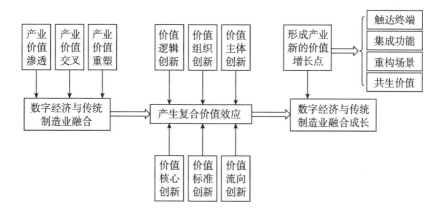

图4-8 数字经济与传统制造业深度融合成长路径

# 4.5 数字经济与传统制造业深度融合路径优化

要确保图4-9中数字经济与传统制造业深度融合成长路径能够顺利发展，最重要的是要以"数字资源的共享和安全"为主线，构建价值链中多方参与主体间的信任机制。而区块链技术的应用正好可以解决价值链中多方参与主体间的信任问题，其智能合约、不可篡改、可追溯性、去中心化的性质，可以为数智制造产业价值链共创共享生态系统的构建提供新的范式。

## 4.5.1 基于区块链的价值共创机构构建

产品研发设计原来都是以企业为中心的模式，而现在在移动互联网的推动下，数字化智能产品的研发设计可以转变为以消费者或利益相关者为中心的模式。当然，这一转变也可能会引发许多问题，如设计成果抄袭等行为破坏良好的生态环境，影响数智产品研发设计共创平台的可持续发展。而区块链技术的引入为数智产品研发设计的共创增添了新的动力。依托区块链的可追溯性和共识机制，可以强化创新溯源、分配和保护，使得所有数智研发设计的创新者权益分配得到有效的保证，促进用户协同创新，构建数智产品研发设计的价值生态。区块链的去中心化，可以把消费者、利益相关者等价值创造者集中到链上，共同进行研发设计，破除传统平台垄断的集中式的研发设计模式，形成以用户为中心的新型研发设计创新模式（见图4-9）。通过加强对研发设计的监督管理，使用区块链代币（Token）激励机制①对数字创新资源的价值进行有效量化。同时，针对平台上所有价值创造者，根据其价值贡献程度进行精准量化和公开奖励，从而激发众多创新者的激情。依托区块链分布式记账的不可篡改性、公开透明性和可溯源性等特征，企业数智产品的分布式众筹研发模式获得技术保障。这样，企业通过区块链的分布式数据记录形式，就能够在研发设计创新者和最终消费者之间很好地构建点对点的信任机制。同时，以用户与同行等其他利益相关者对研发设计的评定作为反馈，有利于创新者对研发设计进行打磨和完善，从而有效推动数智研发设计不断向高质量、高水平方向发展，提高众筹项目的运营效率、价值创造和安全稳定性，从而促使高质量的价值共创生态系统的形成。

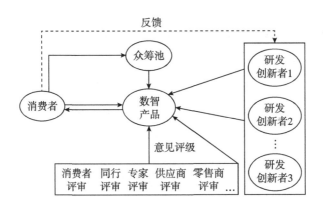

**图4-9　基于区块链的数智产品研发设计生产机制**

---

① 代币（Token）激励是基于区块链技术的激励机制，通过发放代币来激励参与者。这些代币通常与项目的运营和发展紧密相关，可以用于奖励用户对项目的贡献、参与决策或执行特定任务。Token激励机制类似于传统的股权激励，但使用的是数字代币而非股票。

## 4.5.2 基于区块链的价值共享机制建构

产品的价值是多层次的，具体包含核心产品价值、形式产品价值、期望产品价值、延伸产品价值和潜在产品价值。产品价值的多层次性使得产品价值的量化标准很难统一，使得对创造产品价值的劳动者进行公平透明的劳动收益分配工作变得非常困难。

在传统的中心化平台垄断下，创新者的产品收益大多集中在平台方，其他价值创造者在市场中很难生存。尤其是 Web2.0 为用户提供了开放自由的创新参与模式，使得几乎所有的产品价值创造者都成为数字劳工，他们的点赞、转发、评论等行为能为平台赚取流量，为品牌赚取价值。而创新者的收益容易被平台和企业剥削，权益得不到保护。

由此，通过引入区块链技术，平台对价值创造的传统控制方式和分配方式将被重构，形成以创新者为主导的去中心化分配模式（见图 4-10）。创新者在产品链上发布产品后，相应的权益会自动授予创新者，不经过中间平台。在共同创造产品价值的研发、生产和销售等过程中，区块链技术的可溯源性、合约智能性、不可篡改性可以帮助企业对各个价值共创者进行精准量化，后续交易完成后，收

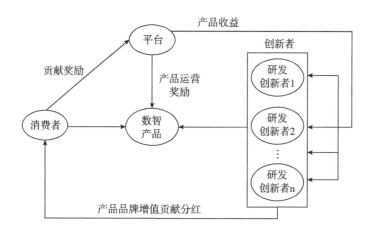

**图 4-10 基于区块链的数字劳动收益共享机制**

益分配就可以按照创新者在整个价值链中的贡献实现透明和公开的分配，可以极大地激发创新者对原创价值的认同感。

同时，通过引入区块链代币奖励机制，对数字价值进行有效量化，并借助可追溯和智能合约机制对共创产品收益按照贡献程度进行透明和公平的分配，从而激发价值共创者的热情。区块链对所有价值创作者在整个价值链上的创新行为进行分布式记录，并对产品价值的贡献按照比例自动形成智能合约进行代币奖励，形成数字劳动力自组织，确保数字创新者的利益，减少传统平台和企业对价值创造者的剥削。在价值链研发、生产、销售各个环节都引入区块链代币激励机制，打造出一个完善的价值共享生态。

# 4.6　本章小结

本章从价值链重构的视角对数字经济与传统制造业的深度融合机制和融合成长路径及其优化进行了系统研究。研究认为，数字经济与传统制造业深度融合的本质就是价值链的融合，数字经济与传统制造业深度融合机制包括产品链深度融合机制、生产链深度融合机制、营销链深度融合机制和全价值链协同融合机制。其中，产品链深度融合机制是构建生产者与消费者的价值共创平台，生产链深度融合机制是构建各业务流程的数字化协同制造平台；营销链深度融合机制是创建消费者数字化的体验平台；全价值链协同融合机制是构建全价值链运营的数字孪生系统。数字经济与传统制造业的融合主要是通过产业价值渗透、产业价值交叉和产业价值重塑三种方式实现的，进而产生新的复合价值效应（企业的价值逻辑由原来的竞争化转向共生化；价值组织由以"企业"为中心，转向以"产品"为中心；价值主体由单一化转向多元化；价值核心由满足顾客需求转向创造顾客需求；价值标准由统一化转向个性化；价值流向由正向化转向逆向化），并形成产业新的价值增长点（触达终端、集成功能、重构场景和共生价值），从而实现数字经济与传统制造业的融合成长。而要确保数实融合成长路径顺利进行，需要借助区块链技术，构建数智制造产业价值链共创共享生态系统的新范式，自动建立价值链中多方参与主体间的信任机制。

# 第5章 我国数字经济与实体经济深度融合典型案例分析

前文已对数字经济与实体经济深度融合的机理和路径等问题进行了研究。接下来，本书将主要针对三个典型行业进行案例分析，并结合前面研究的结论为现实制造业的数字化融合提供一定的理论指导。本章主要内容安排如下：①数字经济与汽车制造业深度融合路径研究——以吉利汽车集团为例；②数字经济与工程机械制造业深度融合路径研究——以三一集团为例；③数字经济与电子设备制造业深度融合路径研究——以华为技术有限公司为例。

## 5.1 数字经济与汽车制造业深度融合路径研究
### ——以吉利汽车集团为例①

### 5.1.1 吉利汽车集团简述

吉利汽车集团是浙江吉利控股集团旗下一家集汽车乘用车整车、动力总成和关键零部件设计、研发、生产、销售和服务于一体的汽车集团，拥有吉利、雷

---

① 该部分内容主要是笔者根据对吉利汽车集团的内部人员访问和实地考察资料整理而得。

达、翼真等汽车品牌，现有员工 5 万余人，是首个实现乘用车产销突破 1000 万辆的中国品牌车企。截至 2024 年 10 月底，全球累计销量超 1600 万辆。①

吉利汽车集团始终以用户为中心，以技术创新领跑，坚持高质量发展，充分发挥吉利控股集团体系化协同战略优势，在整车架构、汽车安全、新能源三电、智能座舱、高阶智能驾驶、智算中心、AI 大模型、AI 数字底盘等核心技术领域实现全栈自研，为用户创造超越期待的智能出行产品和体验。

经过 30 多年的发展，吉利汽车凭借强大的自主创新能力和灵活的经营机制，在汽车变速器、发动机、摩托车、汽车整车、汽车零部件、汽车电子电器等方面屡创佳绩。特别是 1997 年进入轿车领域后，发展更是迅猛。截至 2024 年 6 月，员工总数超过 14 万人，资产总值约 5400 亿元，连续 13 年进入《财富》世界 500 强（2024 年排名第 185），被评为 "中国汽车工业发展速度最快、50 年成长最好" 的企业。

随着数字经济的发展，吉利汽车也是紧跟数字科技发展的步伐，全力投入数字化转型的浪潮中。2023 年 1 月 28 日吉利汽车集团宣布，"智能吉利 2025 战略" 全新落地的数字新基建，全球车企首个融合 "云、数、智" 一体化超级云计算平台——吉利星睿智计算中心正式上线。吉利汽车作为一家创新型科技企业，集整车研发与制造、关键零部件设计与生产、动力总成、营销、服务于一体，非常注重构建数据安全治理能力体系。2023 年 1 月 5 日，吉利汽车通过中国信息通信研究院的数据安全治理能力评估和数据安全行业专家评审，获得数据安全治理能力（DSG）三级证书②。

---

① 资料来源：吉利控股集团官方网站（https：//zgh. com/geely-auto/）。

② 本次评估的主要依据为中国互联网协会联合 20 多家单位共同制定的《数据安全治理能力评估方法》团体标准，该标准是国内数据安全治理标准，是推动我国数据安全治理健康高质量发展的重要一环。该标准可以全面、准确、客观地度量企业数据安全治理能力，同时也为企业建设度量、改进自身的数据安全治理体系提供了方法论和操作指南。吉利汽车在这次评估中，展现了出色的全生命周期流程安全治理能力及技术实施手段，因而获得了 "全面治理级" 的评估结果。

### 5.1.2 吉利的数实融合路径分析

#### 5.1.2.1 构建数字化融合基础设施

（1）搭建数字中台新的基础设施

一直以来，吉利汽车都很难在数据上做到心中有数，因为各个信息系统互不相通。这使得吉利汽车的数据集成非常困难，而且数据集成和治理的成本非常高。而数字中台新的基础设施的搭建却有效解决了这一数据孤岛问题，从而使企业由原来的流程驱动转向数据驱动。

吉利汽车的数字化中台架构主要由四个层次组成，即组织中台、智能中台、业务中台、数据中台，具体如图 5-1 所示。

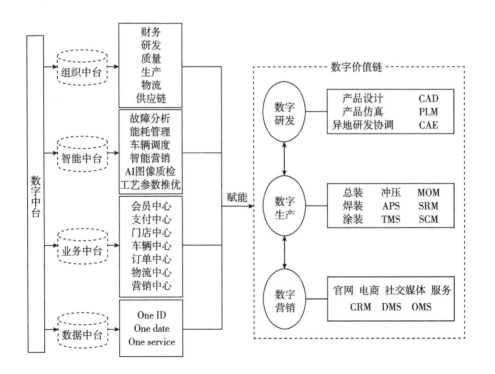

**图 5-1 吉利汽车数字中台架构**

数字中台通过组织、智能、业务和数据进行抽象，并将各价值模块进行拆解，以服务化的形式输出共享能力，并根据相应的需求与业务应用进行互动，挖掘出数据的价值，实现业务数据化和数据业务化。

利用数字化平台，形成企业自主创新能力提升、产品数字化智能化程度提升的协同研发共享平台，实现企业内外、上下游资源整合。借助数字中台，形成协同制造共享平台，有效降低各部门和企业之间的信息沟通成本，提高企业生产效率。此外，利用数字中台还能有效捕捉消费者的需求变化，及时对产品的设计、制造、服务等进行动态信息的获取和优化调整，使消费者的需求得到更大程度的满足，扩大市场占有率，提升企业业绩。

通过数字化平台，吉利汽车在智能化、自动化、信息化方面建立了强大的技术壁垒，在面对瞬息万变的动态市场时，形成了强大的差异化竞争优势，能够迅速捕捉信息。同时，吉利汽车构建了一整套产品的调研、定义、研发、设计、生产和销售服务的信息系统，服务于旗下多个汽车品牌。

吉利汽车还通过搭建数字化平台，促进信息与数字化新一代技术与企业的深度融合，让企业的价值也随着数字平台实现了企业共享数据平台。截至 2024 年 12 月 12 日，吉利汽车总市值为 15.960 港元①。

（2）搭建云平台促进高效协同

吉利汽车通过搭建云平台，使生产成本、协调管理成本大幅下降同时提升产品性能和附加值，为数字技术与企业融合发展提供支撑，并促进企业内外数据资源上下游共享。

吉利汽车主要通过以下六个方面逐步推动企业的数字化转型：

一是工业互联。通过实现工厂互联，使得原来各自独立运营的企业数据孤岛被打通，提高数据流动的速度，增强数据的价值。

二是业务数字化优化调整。借助数字信息技术，对企业整个生产业务过程进行优化调整，增强企业的资源利用率，提高企业全要素生产率。

三是品质可追溯管理。利用数字信息技术对产品全生命周期质量进行可追溯管理，有效提升了监管产品质量的能力。

---

① 资料来源：百度股市通网（https：//gushitong.baidu.com/stock/hk-00175）。

四是柔性生产制造。通过柔性化生产制造，有效响应消费者的需求动态，使研发生产出来的汽车能更好地满足客户的需求。

五是个性化定制。通过云端客户关系管理系统，对客户画像进行精准分析，为大规模个性化定制提供技术支撑，使消费者的个性化需求得到满足。

六是远程运维服务。借助现代信息和智能技术，提升产品全过程的运营和售后维修服务等能力。

### 5.1.2.2  产品链的数实融合路径

第一，坚守强调客户价值导向的"价值逻辑共生化"理念。当代数字信息技术的发展不仅要求供应链上下游企业之间价值共生，还要求企业与顾客价值共生。吉利汽车的产品链数字化整合，真正让客户拥有更多的话语权，通过让客户深度、主动地参与到产品的设计研发业务环节中来，让市场供需两端的信息连接起来、共享起来，让产品价值与客户价值相匹配，让客户真正喜欢、满意的产品源于设计。通过让客户深度、主动参与到产品的设计研发业务环节中，从供给端源头提高顾客的满意度，不仅可以降低企业的市场试错成本，而且可以准确地根据客户的需求趋势获取新的市场需求。

第二，以"价值标准个性化"为原则，突出产品需求的多样化。吉利汽车依托新一代数字信息技术，借助数字中台中各个模块的功能，对原有产品进行升级，面对不同消费层级的顾客群体，开发设计出不同层级的产品。并根据消费群体的不同需求，创新不同车型设计，并提供个性化定制服务，如外观与内饰设计。

第三，追寻"价值核心创新化"方向，突出产品智能创新化。吉利汽车致力于构建环境、车与人之间智慧关系的车内生态健康，以及对产品智能升级的安全识别技术、智能无人驾驶技术的探索，已具备能够为消费者提供个性化、智能化消费体验感的智能交互系统。同时，吉利汽车还借助数字化平台，通过智能互联系统获取用户的精准画像数据，并根据获取的画像数据，通过传感设备，包括行车轨迹、驾驶操作习惯、驾驶喜好等，为用户提供更加智能、便捷的创新服务，为智能交互系统提供支持。例如，通过对用户的行车轨迹、行为进行实时智能分析，更好、更全面地支持智能行车服务。

### 5.1.2.3　生产链的数实融合路径

第一，通过信息平台建设解决系统间的信息化整合和集成。吉利汽车的生产链数字化融合必须解决企业内部和外部的信息化整合与集成问题，这里的信息化整合与集成既包括围绕业务价值链的横向信息整合与集成，也包括以生产制造为核心的纵向信息整合与集成，更包括信息在横向与纵向的整合与集成（郭园园，2021）。这一信息平台的搭建，需要借助新一代信息技术解决数字化价值重构（见图 5-2）。

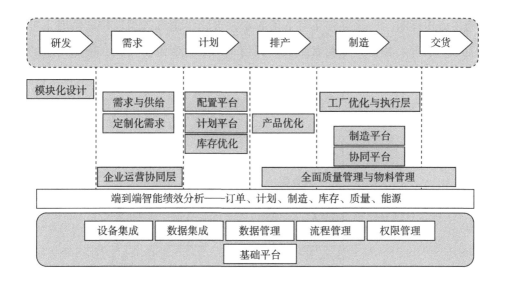

**图 5-2　吉利汽车信息平台**

第二，通过搭建网络共享平台，下游企业在供应链上的协同创新制造得以实现。吉利汽车正在为实现智慧车间的生产设备网联化而努力；通过共享平台数据，实现企业生产制造向绿色创新、高效节能、智能制造方向转变，借助大数据分析辅助生产决策的科学预测，实现生产制造、管理到销售等价值环节数据的动态可视化。

第三，借助数字中台，实现对生产线各生产业务环节实行实时动态监控。通过安装监控设备到各个生产线，吉利汽车可以获取每一个生产制造环节的实时数据。数据中台通过对获取的动态实时数据进行价值分析，实现了各项生产基地参数的标准化，可用于支持各生产基地的业务数据库建设，工程模拟业务的开展，以及优化生产流程、挖掘生产终端数据、提高生产制造效率。

### 5.1.2.4　营销链的数实融合路径

第一，形成线上线下营销闭环，通过数字化改造营销平台。消费者路径会随着网络经济和电子商务的发展而改变。现在的购车族大多是先通过网络了解产品的价格、车型、排量、发动机型号、配置、售后服务等基本信息，如果觉得某一品牌某一型号的产品符合其需求，就会到线下实体店进行试驾，与客服人员进行现场沟通和咨询，一般不会立刻下单而是会等到车企有大型促销活动时，再到4S店现场提车。当前，消费者获取购买信息的渠道变得多样化，获取信息的方式也呈现碎片化的特点，使得消费者的购买决策过程变得更加碎片化和漫长化，因此，吉利汽车通过对营销平台的数字化转型，形成线上与线下的营销闭环（见图5-3）。

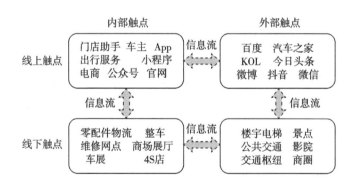

**图5-3　吉利汽车营销平台**

吉利汽车营销平台的数字化转型，不仅打通了线上线下的营销渠道，实现了营销渠道的多元化，如针对每位客户建立了实时追踪的"唯一ID"，从而精准获得客户的用户画像。由此，根据消费者的精准画像特征，将差异化的广告推送、产品内容推荐等个性化营销服务内容以及远程预测性维护提供给每位客户。

第二，通过实时分析客户"旅程数据"，为用户提供精准的市场推广服务。通过搭建客户"旅程数据"流通系统，吉利汽车在外部就可以实现客户和客服数据的数字化循环。企业客服根据客户在网络上的浏览轨迹信息，将客户引流为企业潜在消费者，通过为客户提供线上咨询服务、线下体验等方式实现。同时，企业在保证用户隐私安全的情况下，借助新一代数字信息技术手段，实现用户体验信息、产品运营信息等的实时共享，从而实现提前预知、远程维护、有效解决产品问题，提升远程营销服务客户的水平，使企业能够及时掌握产品运营状况和客户体验反馈。

第三，通过数据变现，拓展营收新渠道。随着人工智能、物联网、大数据挖掘技术等的快速发展，汽车的网络化、智能化也在不断提升，从而涉及各种信息数据的快速增长，如车、人、生活产生的场景化数据，行车数据，生活数据，娱乐数据等。对于汽车企业来说，这些海量的、多维度的数据信息是十分宝贵的。通过对这些数据的分析，可以帮助汽车企业实现向消费者精准投放生活娱乐服务信息、促销信息、新产品广告信息等目的，有效降低企业营销成本、提升客户关系管理和产品/服务开发水平，还可以为4S店、保险公司等商业机构提供数据共享服务，通过地图导航、远程运维服务、产品改进、移动出行服务、精准营销、数据交易、零售交易、资产管理、车队管理服务、娱乐等方式实现数据价值的间接变现。

## 5.1.3  吉利的数实融合路径优化

### 5.1.3.1  打造数字生态系统的产业价值链

在数字化的转型发展中，任何企业都不要想着独自进行改革创新。现在是一个万物互联互通的时代，任何企业想要获取长久竞争力，必须有"价值共生"的理念。为此，吉利汽车在数字化转型的过程中，不仅要做好自身企业内部业务的数字化转型，还要与处于产业价值链上游的汽车零部件、原材料供应商以及下游的汽车经销商、客户等进行全方位的价值共创、价值共享，打造数字化产业价值链生态系统。通过构建数字化产业价值链生态系统，实现全产业价值链的信息共享和数据共享，降低全产业价值链运行成本，提高全产业价值链数字化协同创新效率，提高全产业价值链各环节决策制定的科学化水平，这既是建立全产业价值链的关键环节，也是实现全产业价值链数字化协同创新的关键环节。同时，尽力整合利用智能设备制造商、供应商、合作伙伴、经销商、客户等生态伙伴提供的数据信息，形成自己的生态圈，这对于拥有海量数据信息的产业价值链企业来说，将具有革命性的创新意义。

### 5.1.3.2 加强数字化产品开发

数字产品开发的基本思路是"用电脑完成产品开发的全过程"（吴光强和张曙，2010)，即工程师在计算机上建立产品模型，然后对模型进行分析，并针对存在的问题改进产品的设计，如此循环往复，最终确定产品的设计模型。数字产品开发将实物原型转化为虚拟模型，利用仿真测试数据持续优化设计，跳过物理试错阶段直接锁定最终方案。由此，即使是复杂的产品，也只需要最后制作一次实物原型，大大降低了试错成本，节省了产品开发周期，提高了新产品的满意度。具体来说，数字化产品开发的核心是构建一个集成化的产品模型，该模型需融合面向结构、面向特征、面向几何、面向知识的产品建模方法，整合产品方案模型、设计模型、质量模型等多维度信息，并确保产品全生命周期中的所有关键数据均被完整纳入数字产品的开发流程。在数字产品的开发中在加强数字化产品开发过程中，尤其要关注的是新款汽车的用户界面和用户体验。因为未来汽车行业将从传统的汽车制造业会逐渐转变为高度互联的数字化产业。因此，吉利汽车在考虑未来新款汽车体验时，要把自己看成一家科技公司来思考，满足特定用户的需求或解决其问题。

未来用户的体验需求越来越多样化和个性化，吉利在未来汽车设计中需考虑用户对汽车的定制体验。这就要求汽车用户界面的数字化程度越来越高，对汽车用户界面的多样性和匹配度逐渐提高。对于吉利汽车而言，生产汽车用户界面就如同为汽车量身定制一款 iPad。这些个性化的体验对软件的依赖性也越来越强，所以未来汽车设计与构思与传统汽车的设计和构思方式截然不同。软件行业长期贯彻"从用户出发"的理念,其用户中心设计(UCD)方法(如用户故事撰写、用户访谈、产品原型测试等)已被证明能有效提升产品体验。吉利在汽车数字化产品开发中,可借鉴这些方法,将用户体验作为设计的核心出发点与落脚点,结合汽车行业的工程标准与法规要求,构建兼顾功能性与用户需求的数字化产品开发体系。由于智能互联产品的用户体验设计非常复杂,除非产品设计之初就考虑到了,否则后期再想把用户体验融入产品是很难实现的。因此,从汽车新品设计和构思开始的那一刻就应该充分考虑最终交付的终端体验。

### 5.1.3.3 开展基于人工智能的智慧营销

1956 年,达特茅斯会议的召开标志着人工智能的诞生。2017 年,人工智能进入"应用元年"。目前,人工智能已经全面渗透到教育、金融、医疗、交通等领域(阳翼,2022)。人工智能这一新技术引发的"智能革命"也渗透到营销行业,数字营销也从开始的数字营销 1.0(基于 Web1.0 的单向营销),到数字营销 2.0(基于 Web2.0 的互动营销),到数字营销 3.0(基于大数据的精准营销),再到数字营销 4.0。以人工智能为基础的智慧营销,最大的特点是拥有人类的智慧。例如,阿里开发的人工智能设计师"鹿班",通过在天猫、淘宝平台上发布大量海报作品"学习",每秒自动创作 8000 张海报,并根据不同客户需求精准推送不同海报,实现广告推送的个性化服务,不仅可以大幅降低企业营销成本,而且可以提升广告触达率;饿了么借助智能语音设备推出语音订餐服务。实现自助订餐的语音交互流程,在降低人力成本和时间成本的基础上,为顾客带来不一样的消费体验。

可以看出,AI 的发展让现有的营销链条产生了相当大的震荡。为此,吉利汽车也应该大力开展基于人工智能的智慧营销,从产品的研发、设计,市场的调研,营销策略的制定,营销渠道的设计,到售后服务等营销链环节都应该逐步融入人工智能技术,将"吉利"向着智慧品牌的方向发展。

# 5.2 数字经济与工程机械制造业的深度融合路径研究

## ——以三一重工股份有限公司为例①

三一重工股份有限公司（以下简称"三一重工"）成立于 1994 年，是中国工程机械行业龙头企业，全球市场份额稳居前三。2003 年，三一重工登录 A 股，2024 年营收达 1102 亿元，海外业务占比 45%②。三一重工的核心产品包括混凝土机械、挖掘机械和起重机械，并以数字化转型为核心竞争力。三一重工拥有 3 家全球"灯塔工厂"，应用工业互联网、数字孪生和 AI 大模型（如"星火大模型"），实现生产效率提升 80%、缺陷率下降 78%；电动化产品占比达 38%，主导制定工程机械电动化国际标准。三一重工全球化布局覆盖 150 国，参与沙特 NEOM 新城、埃及新首都等超级工程。2024 年，三一重工研发投入 89 亿元，累计专利 1.8 万项，连续多年入选《财富》中国 500 强③。

三一重工作为我国工程机械行业的龙头企业，信息化建设起步相对较早，数字化转型走在行业前列。回顾三一重工的数字化转型之路，基本可以分为三个阶段：

流程信息化阶段（2013~2015 年）。2013 年 4 月，三一重工启动流程信息化总部组建工作，以降低生产成本、提高生产效率为目标，正式开启流程信息化变革，搭建数字化工厂平台，推进全流程生产数字化管理。同时，通过构建流程体系，全面梳理核心业务流程，促进流程文化普及；熟悉流程架构，对流程信息化流程框架进行整体规划，构建流程信息化的管控体系；构建流程信息化专业管理

---

① 该部分内容主要是笔者根据对三一重工的内部人员访问和实地考察资料整理而得。

② 资料来源：三一重工股份有限公司. 三一重工 2024 年年度报告［R］. 长沙：三一重工，2025. （注：年报发布年份通常为报告期次年，故标注 2025 年）

③ KHL Group. Yellow Table 2025 全球工程机械排名［EB/OL］. 伦敦：KHL 国际控股集团，2025 ［2025-04-18］. https：//www.khl.com.

平台，为"流程文件化、平台信息化"奠定基础。

转型路径探索阶段（2016~2017 年）。2016~2017 年，三一重工在探索企业数字化路径方面继续推进营销信息化工程（CRM）、研发信息化工程（PLM）、产销存一体化工程（SCM）、供应商管理信息化工程（GSP）等信息化工程的上线或升级工作。由于当时尚无可以借鉴的成功转型案例，三一重工领导层在听取专家建议后，将关注点放在了数据收集方面。一是对生产现场进行数据采集，还原现场真实情况，安装摄像头全方位覆盖工厂，不留死角。二是收集能源消耗资料，将能源消耗可能存在的问题暴露出来，节约能源采购成本。三是收集生产设备资料，让设备互联互通，对设备运行情况进行曝光，对制造方面的问题进行反映。三一重工依托树根互联"数字化改造新基座"，完成"三现互联、四表互联"5.5 万台[①]。

全面数字化改造阶段（2018~2025 年）。2018 年，三一重工正式确立了数字化和国际化的发展战略。2018 年 3 月 13 日，三一重工董事长梁稳根在出席第十三届全国人民代表大会时表示，"三一重工的数字化转型，要么翻身，要么翻船！"2018 年，三一重工从机器替代、机器决策、产品智能化三个层面开启全面数字化升级，向实现"全流程在线化""全业务数据化""全数据业务化"迈进，实现全流程（采购、研发、生产、销售、设备数据采集、反馈服务）数字化。重点抓好"四化流程"和"八大软件"的推广工作[②]。2020 年，三一重工搭建了数据中台和技术中台，实现了八项智能制造技术的突破[③]，还开启了以建设智能化工厂统一管理平台为目标的"灯塔工厂"集中升级改造，开工建设 8 座灯塔

---

① 其中，"三现"指现场、现实、实物，"四表"指水、电、气、油表，"互联互通"指的是将"四表"交流管理搬到树根互联的根云平台上，"厂内设备"的加工设备、加工中心等围绕上述三个现场进行。并将"厂内""厂外"的 71 万台挖掘机、装载机等已销售出去的设备搬到云平台上管理。

② "四化流程"指围绕业务流程分析重构，实现标准化、在线化、自动化、智能化，这四条主线从概念到产品、线索到回款、订单到交付、问题到解决。同时，公司核心业务流程标准化率和在线化率大幅提升，通过工业软件固化标准流程，实现流程活动和节点的在线化管控。"八大软件"是通过形成包含智慧供应链、数字化营销、数字化研发、智能制造四大业务板块的系统能力，不断深化自身软件能力建设，将供应链、采购、营销、研发、制造、物流等八个方向的应用软件进行深度整合。

③ 包括无人下料、自动分拣、中小件自动开坡口、大件自动弯折、自动化组对焊接、全自动化机加、机器人喷涂、自动化物流共八项。

工厂。2021 年底前推进 22 座灯塔工厂建设，累计建成 14 座灯塔工厂达产。到 2022 年 6 月底，公司推动 28 座灯塔厂房开工建设，18 座灯塔厂房累计竣工达产。2021 年，三一重工确立了坚持长远主义，加大新产品新技术研发投入、全面推进智能化、电动化和国际化的"两新三化"战略。2023 年，三一重工提出了升级三化战略的"全球化、数智化、低碳化"战略，代表了企业经营竞争形势在三个方面不断调整的新阶段。2025 年上半年，灯塔工厂全球累计达产 30 座（含海外 6 座），智能化改造覆盖率超 90%，生产效率提升 85%；电动化产品占比提升至 45%，主导制定全球工程机械电动化标准 5 项；AI 应用方面，部署了"星火大模型 2.0"，实现设备故障预测准确率 98%、供应链决策效率提升 40%。

### 5.2.1　三一重工的数实融合路径分析

#### 5.2.1.1　产品链的数实融合路径

在产品研发环节，坚持以"自力更生"的模式推进自主研发的"三一重工"模式。一是打造 PLM 平台，对产品的设计、制造、管理等数据进行共享，实现对研发流程的管理。二是建设研发数字化平台，建立研发云和仿真云，将研发过程的设计知识线上化，逐步完善数字化环境（包括每位研发人员的设计工作），从产品研发到管理流程，建立一个完整的数字化平台。三是基于云平台搭建测试数据管理平台，使测试核心业务流程在线化率大幅提升，设计、测试协同效率相应提升，测试数据在线化水平提升至 90%，产品研发周期平均缩短 8 天。

#### 5.2.1.2　生产链的数实融合路径

以兴建"灯塔工厂"为主，推动智造环节的生产制造。三大灯塔工厂广泛采用重载机器人、工艺模拟、视觉识别等先进尖端数字技术和工业技术，大幅改进了生产工艺，降低了制造成本，提高了生产效率和人机协同效率。三一重工以灯塔工厂建设为核心，实现管控精细化、决策数据化、应用场景化，以数据采集应用、工业软件建设应用和流程四化为抓手。灯塔工厂的特点是"高、美、快"。一是生产效率高。压缩 40% 的生产周期，提高 50% 的产能，提高 80% 的自动化率。二是工作环境好。18 号厂房实现了将园林景观融入现代制造业。三是生产节奏快。一台泵车下线时间缩短到 45 分钟,从订单到交货仅需 20 天①。从投入产出看,智能化转型属于低投入、高回报。投入 2 亿~3 亿元的 18 号灯塔工厂智能化改造,单位投入较低,在已基本取得规模化效果的基础上,每平方米成本 3000 元左右。但智能化改造则能带来成本降低和效率提升,效果立竿见影。三一重工构建三一智能制造管理平台工厂控制中心(FCC),通过智能搬运机器人系统(AGV)、远程控制系统(RCS)、车间物流管理系统(WMS)、物联网管理平台(IOT)、制造运营(MOM)等的深度融合,形成生产制造的"工业大脑"。全厂智能制造以 FCC 为核心。打通了与 ERP、PLM 等信息系统、设备自动化系统的鸿沟,形成统一的企业生产管理数字化平台。通过 FCC,在订单快速分解到每名工人、每台设备、每条柔性生产线的同时,每台产品设备从原材料开始就有了专属的"身份证",不仅实现了从订单到发货的全流程数据驱动,而且实现了"进块钢板,出台设备"的智能制造全要素落地。

### 5.2.1.3 营销链的数实融合路径

三一重工采用数字化营销模式。首先,通过搭建全网营销平台和 CRM,实现对客户信息的充分整合和精准营销。其次,利用大数据挖掘技术,实现对市场需求的充分挖掘,精准定位目标用户,并向其推送个性化定制服务,提升客户的体验感。最后,三一重工还不断地开发人工智能技术,研发了一系列智能化系统,如智能管理、智能投放等,这些智能化系统的采用不仅可以提升营销的精准度,还可以提高营销的效果。同时,随着直播电商的发展和火爆,三一重工还创建了电商营销团队,通过线上营销,创下了 1 小时就卖出 31 台压路机的销量纪录。

为打造企业竞争优势,三一重工旗下工程机械产品将分布在全球各地的数十万台客户设备全部连接并实时在线获取相关数据,再利用物联网、3G/4G/5G、GPS、GIS、RFID、SMS 等技术,配合嵌入式智能终端、车载终端、智能手机等硬件设施,通过数据智能和网络协同,提供各种增值服务,如工程施工信息服

---

① 该数据来源于笔者对三一重工内部人员访谈。

务、运营模式评估优化服务、设备健康管理服务等，实现从卖工程机械产品到卖服务的转变。

目前，三一重工销售的机械设备通过控制器、传感器、无线通信模块，收集设备使用中的地理位置、运行轨迹、油压、转速等运行数据，再通过无线通信模块传输到 ECC 控制中心，实时分析数据、监控设备工况、进行故障诊断、远程排除故障，通过控制器、传感器、无线通信模块等多种方式，2024 年，三一重工构建了覆盖全球、技术人员超过 7000 人、可实现 365×24 全时服务、工程师响应时间由原来的 300 分钟缩短为 15 分钟、主要服务区域 2 小时直达现场的智能服务平台和网络。24 小时完工通车，渠道零配件库存从 10 亿件下降到 7 亿件，一次性修复率从 75% 提高到 92%[①]。与海外品牌收费式服务模式相比，三一重工的快速服务响应能力进一步增强了客户黏性，提升了客户体验，提升了公司品牌，提升了销售目标，提高了市场客户洞察能力和数字化营销能力。

## 5.2.2 三一重工的数实融合经验

三一重工数字化改造能够成功的因素主要有以下几个方面：

### 5.2.2.1 战略上高度重视

三一重工转型成功的关键是从战略上高度重视。2019 年，三一重工以空前的力度投入智能制造改造资金近百亿元。三一重工十分重视产品研发投入，每年将约 5% 的营业收入投入研发工作中，并实施三代研发政策，即"销售一代，储备一代，研发一代"。同时，三一重工高度重视组织改造和顶层规划设计，以配合数字化改造。从上到下完善流程管理制度，明确责权，促进全公司上下理解和参与流程信息化。三一重工除了成立负责顶层设计的流程资讯部外，还组建了推进集团转型的一系列机构。2016 年，作为原三一重工物联网事业部的树根互联正式宣布独立，与内部数字化团队一起承担执行三一重工数字化改造战略。树根互联以对产业的理解、对三一重工商业的理解，帮助其在研发设计、生产制造等各个环节重构业务流程，推动集团数字化转型落地，高效推动了包括云计算、数

---

① 该数据来源于笔者对三一重工内部人员访谈。

据中台等在内的三一重工 IT 技术的升级与搭建。三一重工也成立了智能制造研究总院和数字孪生研究所两个研究所。智能制造研究总院在研究如何实现自动化升级和机器替代人的同时，重点开展数字化基础研究和技术攻关，利用软件技术提高生产力。数字孪生研究所负责新技术的探索，专注于在生产过程中应用数字孪生和镜像世界。此外，三一重工要求 12 个事业部、每个工厂都要组建一支数字化改造队伍，下沉到一线员工，以推进数字化改造。

5.2.2.2　构建统一的数字化基座

2019 年下半年，三一重工意识到，如果只是在企业内部进行单点或单业务的数字化改造，那么未来随着业务数据的沉淀量越来越多，就更加难以从根本上解决问题。事实上，这些海量的业务数据是可以用来赋能其他更多的业务场景，但前提条件就是要对数据进行标准化处理，即对数据进行标准化的采集和利用。而数据的标准化又需要依托一个强大的数据中台来作为保障。2020 年 4 月，三一重工开始启动搭建全公司统一的数据中台项目。树根互联作为三一重工数字化转型的核心服务商，首先对三一重工庞大的资产进行了系统分析和整理，然后根据业务系统价值数据和业务系统生命周期两个特征，对三一重工 12 个业务环节进行分析，最后在 120 多个业务系统中选择了 78 个核心业务系统，形成了 1.2 万亿条业务和生产数据，4200 个采集任务。2020 年 11 月，产品内测上线。2020 年 12 月，该项目经过三轮验收汇报后顺利交付，整个庞大的数据中台项目仅耗时 200 天建成[①]。这不仅充分展示了三一重工进行数字化改革的决心，也是服务商树根互联和阿里云合作的重大工程项目。在这个庞大的数字化基座背后，融合了 1.2 万亿数据，拥有 6.6PB 的数据湖，16 个产业园的 OT 数据，78 个信息化系统的 IT 数据。数字化基座的构建不仅有利于三一重工在宏观层面把数字资产"摸清楚、管起来"，更有利于三一重工在微观业务层面上"用起来、活起来"，最终实现数据赋能企业全部业务场景的目标。同时，该项目使得三一重工所有数据的准确性和完整性提升了 20%，而且通过数据仓库的赋能，使得三一重工整体研

---

① 该数据来源于笔者对三一重工内部人员访谈。

发效率提高了 30%，开发成本降低了 50%①。

### 5.2.2.3 建设数字化文化

董事长带头掀起学习运动风，通过"反复唠叨、洗脑式宣贯"的方式，在公司里掀起了数字化的学习热情，促使公司员工都对数字化改革有了深刻的认识。三一重工还制定了《数字化知识认证标准》，要求公司所有员工都要学习数字化知识和技能，并进行学习后的测试认证，确保公司内全部员工对数字化的认知在同一起跑线上。三一重工推动内部人员向数字化人才转变，从 CIO 统一讲解、个人自学、小组讨论、答疑解惑、闭卷考试等多个环节推动学习数字化。比如三一重工曾刮起了一股"DAMA"风②。甚至连车间的工人都在研究 DAMA，简直是要走火入魔了。公司重点岗位人员每周都有脱产、不脱薪的时间，学习软件、大数据、编程语言等，这也是产业工人转移到工程技术人员岗位的关键举措。

### 5.2.2.4 数字化人才建设

近年来，三一重工加大数字化人才培养和引进力度。三一重工利用工业数字化转型的事业梦想来吸引希望能跟着有梦想的企业共同发展自己、成就自己的人才加入。在吸引人才加入的同时，三一重工还借助互联网创新企业的机制留住人才。三一重工为人才提供比互联网企业更高的工资待遇。另外，在人才培养上，三一重工强调员工的永久理论学习能力。为了培养员工的永久学习能力，三一重工一方面通过与相关高等院校合作，定期举办培训活动，提高员工的基本素养，另一方面通过派遣优秀员工赴海外学习，建立在线学习（OLM）平台，借助机器人 AI 技术向新员工传授成熟的技能，拓展员工国际视野，掌握行业前沿动态。在人才引进方面，三一重工非常注重对硕博高层次人才以及海外优秀拔尖人才的引进。新技术、新理念的高层次人才的引入，对企业的国际化发展和数字化转型起着至关重要的作用。例如，三一重工在数据中台项目进行时，还定向招聘了20 多名数据工程师，并对这些工程师边培训边使用，力争在项目的推进过程中能够建一个项目、成立一个团队。在人才激励方面，主要通过"以奋斗者为本"

---

① 该数据来源于笔者对三一重工内部人员访谈。
② 《DAMA 数据管理知识体系指南》属于数据治理标准工具书。

的企业文化调动员工积极性，使员工与企业形成命运共同体；并通过员工持股计划，以及为每一位拔尖人才提供晋升空间，达到对员工的长效激励作用。三一重工特别注重对研发人员和高绩效人员的激励，如设置超目标绩效奖励、利润分成方案、年终绩效经费、年终项目专项经费等。在人才沟通管理上，三一重工通过"云之家"手机平台，为员工提供畅通无阻的投诉、申诉和沟通平台，确保员工问题能及时上报和解决。

##### 5.2.2.5 以数字化样板推动转型

三一集团重点借助数字化样板来推动其数字化转型。例如，长沙 18 厂两家灯塔厂和北京桩机厂，都属于三一重工的数字化样板。其中，北京桩机工厂是三一重工数字化转型的里程碑项目。该工厂不仅代表了中国重工的水平，也是全球重工行业第一座"灯塔工厂"，因而被称赞为智能制造行业的"奥斯卡"。北京桩机工厂是集人工智能、大数据和互联网于一体的"灯塔工厂"，订单通过"智能大脑"就可以被快速分析和匹配到相应的工人、设备、工作岛、生产线等，生产制造要素也完全实现了全连接，实现数据驱动的全过程。

# 5.3 数字经济与电子设备制造业深度融合路径研究
## ——以华为为例

## 5.3.1 华为集团简述

华为技术有限公司（以下简称"华为"）成立于 1987 年。华为致力于将每一个组织、每一个家庭、每一个人融入数字世界，构建万物互联的智慧天地，是全球领先的信息与通信（ICT）基础设施和智能终端提供商。截至 2025 年 4 月 18 日的最新公开数据，华为员工总数达 19.5 万，服务全球 32 亿人口，分布在全球 180 多个国家和地区①。

华为始终致力于技术创新和科学探索，非常注重创新与研究，坚持开放的创新模式，与全球产业界、学术界、智库、企业界等共同构建产业协同平台，共同探索语音视频、数字场景、智能驾驶、人工智能等产业关键问题，共同研发和解决前沿技术难题，在创新等方面为推动社会价值、行业价值、用户价值不断进行产业技术创新和技术升级。一直以来，华为都十分关注技术创新和研发成本的投入。2022 年，华为将全年收入的 25.1%用于研发，达到 1.615 亿元；十年间投入研发费用超过 9.773 亿元。此外，华为还非常注重培养研发人员。截至 2022 年底，研发员工占比达到 55.4%，达到约 11.4 万人②。由于华为一直致力于前沿科技创新的引领，科技成果层出不穷。截至 2022 年底，华为在全球持有的有效授权专利达到 12 万多件；在全球 600 多所学校落地的 Tech4all 教育项目，惠及超过 22 万名师生和青少年；已建成场景化解决方案 100 余个，累计超过 2 万个 5G 产业创新应用落地案例③。

2016 年开始，华为用近 7 年的时间全面推行数字化，将数字化转型作为公司变革的重要主题。华为以"1 套方法"贯穿整个转型过程（见图 5-4），从"4 类场景"着手业务重构（数字化作业：减少业务高能耗点；数字化交易：让做生意简单、高效；数字化运营：实现业务运营模式升级；数字化办公：构建全方位的连接与协同），构建"3 个平台能力"（统一的数据底座、云化数字平台和变革治理体系），为转型提供支撑。（华为企业架构与变革管理部，2023）数字化变革后，华为的核心竞争力不仅得到显著提升，而且内部各方面的管理能力和运营能力也得到了极大提高。在财务业务方面，报销效益提高了 100 倍；在服务交付业务方面，单站建造费用减少 13%，交付周期减少 30%；在销售业务方面，投资决策时间由原来的 16 个星期，缩短为 4 个星期；在物流业务方面，从人工作业转到自动化作业后，减少了业务流程环节，发货准确率从 40%提高到 80%，

① 资料来源：华为《2024 年年度报告》（2025 年 3 月发布）。
② 资料来源：华为技术有限公司. 华为 2013-2022 年研发投入白皮书［R］. 深圳：华为技术有限公司，2023。
③ 资料来源：华为公司官网（https：//www.huawei.com/cn/corporate-information）。

仅工厂一项物流作业就节约了100多人的人力；在研发方面，以5G核心模拟为基础的时间周期从15天缩短至13小时（赵博，2023）。

图5-4 用"1套方法"贯穿数字化转型全过程

资料来源：华为企业架构与变革管理部. 华为数字化转型之道［M］. 北京：机械工业出版社，2023.

### 5.3.2 华为的数实融合路径分析

#### 5.3.2.1 两个平台为数实融合提供强大支撑

华为在开展数字化转型之初就关注构建统一的数据底座，以及安全、稳定、高效的数字平台。

（1）统一的数据底座

华为建立统一的数据底座，对企业各业务环节有效开展数字化运营提供了非常有力的技术支撑作用，可以说，对整个数字化转型起着关键作用。借助数据底座，华为可以将企业内外的数据进行重新连接、重新整合，并在保证隐私和数据安全的情况下，对数据获取方式、数据运用秩序等进行重建，打破原来的数据垄断和数据孤岛的情形。数据基座的搭建有利于保证公司数据的完整、一致和共享；有利于数据供应通道的打通；有利于对结构化、非结构化数据进行统一管理；有利于确保数据安全可控。

华为的数据底座由数据主题连接和数据湖构成。华为通过汇聚公司内外数据，并重新连接整合数据，从而提供数据服务（见图5-5），并用于各个业务的可视化、决策和分析（华为企业架构与变革管理部，2023）。

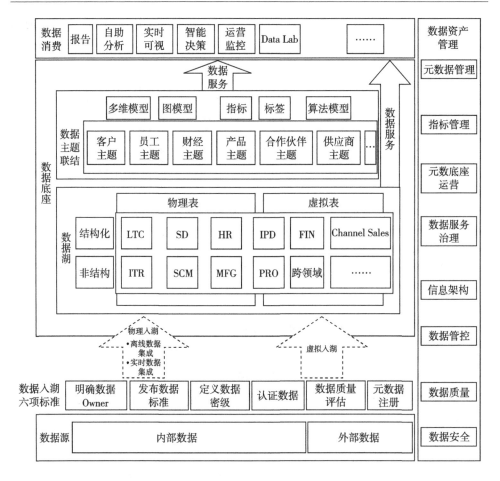

**图5-5 华为数据底座总体框架**

资料来源：华为企业架构与变革管理部．华为数字化转型之道［M］．北京：机械工业出版社，2023．

数据湖就是各种海量化和多样化特征的原始数据集合。数据湖一般会保留数据的原始特性，不会对任何数据进行清洗、加工等处理。但对于数据的异构和多元性，则需要对数据进行整合处理，并对数据资产进行注册。

数据主题连接是为了满足数据消费的不同需求，将数据按照一定的标准（主体、对象、事件或业务环节）连接数据（主要有算法模型、标签、指标、图模型、多维模型五种连接方式），并进行规则计算等处理，形成主题数据。

（2）云化数字平台

华为采用推拉结合的思路，将用户的核心需求和平台本身的数字技术能力结合起来，构建弹性、灵活、高效和稳定的云化数字平台。数字平台的构建为公司开展业务数字化转型提供了基础设施服务和统一的 IT 平台，使公司内外数据能够很好地连接，进而赋能业务流程数字化转型应用。华为云化数字平台在持续夯实基础设施即服务（IaaS）与平台即服务（PaaS）核心能力的基础上，正加速构建下一代数字化技术孵化体系，重点覆盖以下前沿领域：分布式信任引擎、智能决策中台、全域互联中枢、量子－经典混合计算等。此外，企业数字化转型为了能够满足传统应用向现代化应用演进的需求，需要对数字平台进行服务化和云化能力重构，以支撑应用能力的服务化重构。

与大多数传统企业差不多，华为的数字平台发展经历了烟囱式阶段到平台拉通阶段，再到平台上云阶段（见图5-6）。

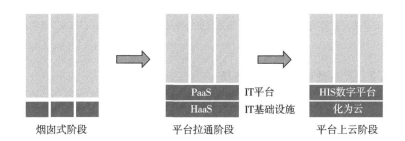

图 5-6　华为数字平台构建历程

资料来源：华为企业架构与变革管理部. 华为数字化转型之道［M］. 北京：机械工业出版社，2023.

华为的数字平台命名为 HIS（Huawei IT Service），其首先提供的是服务，涉及"东西南北"四大服务领域（见图5-7）。其中，东向包括：构建企业统一的数据底座、借助通用 AI 和场景 AI 算法和服务让企业运营和企业决策更及时、有效、智能和准确；西向包括：构建端到端的安全运营体系，以确保关键业务不中断，核心数据和信息资产的安全，防范企业内外部安全风险；南向包括：构建企业高效上云的技术底座，使资源的连接和集成更方便、云化更高效，成为企业数字化转型的肥沃土壤；北向包括：以 WeLink 为入口，构建平台能力，用以支撑企业的应用开发、应用运行和公共服务，使企业的开发更"快"、运行更"稳"、部署更"易"。

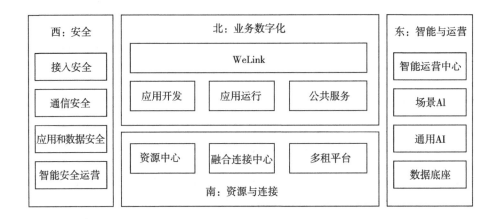

**图 5-7　华为 HIS 数字平台的"东西南北"四大服务领域**

资料来源：华为企业架构与变革管理部. 华为数字化转型之道［M］. 北京：机械工业出版社，2023.

### 5.3.2.2　产品链的数实融合路径

华为的产品创新研发主要借助 HUAWEI Research 平台提升创新研发效率。HUAWEI Research 是一个创新研究平台，通过华为智能终端多种传感器能力、开放研究 App 框架，把华为公司内部的研究人员和外部对研究感兴趣的人员连接起来，以便轻松、高效地获取真实世界的研究数据。同时，还可以通过这种快速招募大量研究参与者的方式，加速公司研发人员的研发效率。

HUAWEI Research 平台由 HUAWEI Research Kit、HUAWEI Research Cloud 和 HUAWEI Research App 三大模块构成，具体如图 5-8 所示①。

---

① 资料来源：华为公司官网（https：//developer. huawei. com/consumer/cn/HiResearch/）。

循环系统　　呼吸系统　　运动系统　　内分泌系统　　生殖系统　　神经系统　　……

▲　使能专业解决方案创新

**HUAWEI Research：打造业界首选的创新研究平台，建立创新研究"黑土地"**

| Research Service Kit | Research Service Cloud | Research Service App |

**开放多样化的研究数据**
- 10+传感器：PPG、ACC、ECG、mic……
- 100+数据类型：心率、心电、血压、血氧……
- 院内数据接入：血检尿检影像报告OCR

**开放研究App框架**
- 0编码生成研究App
- 用户知情同意、量表问卷、科普、多样化研究工具（六分钟行走等）

**研究项目管理**
- 精准用户权限控制
- 数据在线可视化管理

**健康大数据分析**
- 20+健康模型
- 临床统计分析、联邦学习

**统一研究入口**
- 跨系统适配：鸿蒙和安卓
- 研究项目统一入口

国家信息安全保护三级认证　　安全隐私　　70+全球安全合规认证

▼　探索突破性检测技术创新

华为设备　　三方设备

**图 5-8　HUAWEI Research：平台繁荣生态　促进健康产业创新研究**

资料来源：华为集团官网（https：//developer.huawei.com/consumer/cn/doc/ecosystem-Guides/01_01_introduction-0000001077198488）。

HUAWEI Research Kit 是一款研究 APP 开发框架，基于 Android 手机，可以用于开放华为终端设备、第三方生态伙伴产品的传感器数据，为用户提供各种通用模板，如研究工具模板、调查问卷模板、用户知情同意模板等，从而使第三方能够跨越开发研究 App 的高门槛。

HUAWEI Research Cloud 可以为研究项目提供可视化管理，提供开放标准 API 接口，专业领域的数据模型标准化，大数据的存储能力、分析能力和管理能力，与第三方研究机构进行对接，快速孵化创新解决方案。

HUAWEI Research App 是华为创新研究 App，现已在华为应用市场上架，安卓和 HarmonyOS 系统都可以下载。用户下载该 App 以后，通过配备三方智能健康配件和华为穿戴设备，就可以快速、轻松地加入华为研究项目。由此，可以帮助研究结构快速高效地实现大规模研究人员的招募，获取多样化的真实世界的研究数据，提升创新研究效率。

### 5.3.2.3 生产链的数实融合路径

一是构建智能数据分析平台，提高生产效率。华为通过不断优化和调整生产过程中各种生产要素的投入比例，使企业的资源得到最大程度的分配，进而降低企业的生产成本，提高企业的生产效率，并借助物联网技术将材料、生产设备乃至员工等企业的各种生产要素连接在一起。同时，华为借助大数据、可视化管理、5G 等先进技术，构建了从生产组织，到企业各项业务流程，再到全球供应链管理，乃至维修店面故障分析等每个生产制造环节的智能数据分析平台，让每个价值创造环节的作业数据都能随时随地通过数据分析平台进行读取、监控、评估，以便能够对可能出现的问题提前预防，并及时解决已发生的问题，实现生产制造智能化。

二是借助全球专家知识集成平台和项目体验体系，提升作业和设备故障诊断水平。华为对产品状态的实时监控主要借助无线射频技术和物联网技术，同时还需要利用大数据技术对设备和业务的异常情形进行锁定，继而对异常进行故障检测和排查。借助装置实时状态数据的采集和分析，可以做到有效识别设备装置的模型。不仅如此，全球项目体验系统和专家知识集成平台都会对异常流程点进行"项目体验报告"推送（赖苑苑等，2023）。当现场作业有紧急事件发生时，现场作业人员则可以立马召集全球专家进行视讯会议、远程协助故障解决，还可以通过集成服务交付平台（ISDP）呼叫全球专家，大大提高作业及设备故障诊断水平。

### 5.3.2.4　营销链的数实融合路径

一是设立全球技术服务中心，为客户的售后服务提供技术支持。华为成立了全球技术服务中心，为消费者的售后服务提供技术支持，对消费者的售后服务实现 7×24 小时的全天候快速响应，提升客户的满意度。华为通过打造覆盖多场景的"一站式"平台（如企业智能自主自助平台、eCare 问题处理平台、PSD 一站式交付平台等），目的是让合作伙伴和客户体验线上和线下协同的高质量服务，为客户带来有温度、有质量的服务。

二是开展"客户+伙伴+华为"深度协同，实现服务闭环。面对未来发展的挑战，华为深知依靠自己的力量是远远不够的，因为推进企业数字化转型的复杂程度高、周期长，这需要数字化转型涉及的各方参与者共同深度协同才行。只有数字化转型涉及的各方参与者共同努力，加强深度协同，共享知识、资源和信息，才能够提升转型效率，共同应对未来的挑战。为此，华为开展"客户+伙伴+华为"深度协同，构建"铁三角"组织。在华为数字化转型的推进过程中，华为不断提升服务水平，在人才、能力、平台等方面快速响应，以客户对业务定制、快速、优质等多样化服务需求为目标。一方面，华为结合自身贴近客户的优势，为合作伙伴提供"研、营、销、供、服"各个环节的支持工作，将行业经验注入客户服务，及时响应客户诉求，为合作伙伴提供始终如一、一站式、系列化的支持工作；另一方面，华为将高效、协同的服务、专业的知识和工具平台提供给合作伙伴，通过联合伙伴共同满足客户需求，让服务更贴心、更省心。在"客户+伙伴+华为"深度协同的模式下，客户提供需求和反馈信息，华为和伙伴共同努力解决客户的难题，从而提高了解决问题的效率和效果，为企业的高效数实融合发展助力。

## 5.3.3　华为的数实融合经验

华为于 2016 年正式启动数字化转型，并于 2017 年初将公司愿景调整为"把数字世界带入每个人、每个家庭、每个组织，构建万物互联的智能世界"。正是因为华为早早地看到了数字时代所带来的机遇与挑战,并坚定不移地行动起来,才使得华为数字化转型的工作走在了前面。在华为的数实融合过程中,积累了一些经验,主要有以下几点:

### 5.3.3.1 企业家的战略引领

要做好企业的数字化转型,企业必须下定决心对其业务战略进行动态调整,如采用新的数字化商业模式、提供新的数字产品和服务。对华为而言,要实现数字化转型就必须经历一场前所未有的变革,而这场数字化变革不仅会改变生产力,还将改变企业内部之间、企业与企业之间的生产关系。同时,企业数字化转型影响的也不仅是作业人员,还影响到企业的一般管理者和企业 CXO 在内的各个层级,可以说影响的广度和深度巨大,远比"机器取代人"的影响大。为此,华为清醒地认识到数字化转型的必要性,并积极付诸行动:打破企业内部的组织层级,重新定义甲乙关系,并将业务与 IT 能力融为一体,以体验为导向,以效率为导向,以模式创新为导向,以意识、文化、组织、方法、模式创新为导向,将数字化世界带入华为。华为的战略可以总结为"长短结合",即数字化转型既要有长期的目标,又要找准突破口,在短期内让企业发生改变,树立组织的转型信心。

### 5.3.3.2 业务重构

在华为看来,必须改变业务流程的数字化改造。业务重构才是全面推进数字化改造战略的关键所在。为此,华为通过对三个业务的重构实现全连接的智能华为,以提升企业运营管理效率、内部作业效率和客户满意度。首先,重构客户体验。华为通过对其与客户交互过程中关键触点的识别,进一步应用数字化技术连接客户,这不仅使得客户的满意度得到了极大的提升,更使得客户的体验感更加美好。其次,重构作业模式。华为本着从消费者需求和体验出发,对内部所有业务流程操作进行分析,找到这些业务流程操作中的高能耗环节,继而对这些高能耗环节进行数字化改造或重构,将数字化深入到全球 200+ 业务场景中,真正从全场景、全流程的角度重新设计业务流程,从而使原有的工作方式更高效、更简便,使原有的营业周期更短、营业效率更高,进而使客户的需求能够得到更快速、更高效的满足。最后,重构运营模式。华为将数据的价值发挥到极致,将实时预测、分析、介入、决策和事后回溯业务过程，借助智能算法来实现，实现真正意义上的全时反馈的运营体系，提升运营和决策的效率和质量。

### 5.3.3.3　数字平台

搭建数字化平台可以使企业对数字化改造的实施和部署迅速到位。而要搭建企业数字平台需要 5G、大数据、AI、云技术等先进数字技术作为重要技术支撑。由此，华为竭尽全力搭建数字化平台，主要涉及构建先进的新型数字化基础设施架构，搭建全场景数字化 IT 设备，完善一整套数据保护和网络安全体系，围绕 5G、大数据、AI、云技术等先进数字技术搭建统一的数据基座和治理平台。强大的数字化平台和技术能力需要企业长时间地沉淀和积累。企业数字化转型的核心驱动力为云技术、AI、大数据和 5G 等先进数字技术。由此，对于一些相对比较成熟的数字技术，企业 IT 团队通常需要主动引进，并在企业数字平台搭建之初就要提前部署。企业业务数字化团队与 IT 团队不同，需要从业务本质出发，要明确业务数字化的目的是什么、要解决什么关键的业务问题、要解决客户什么样的难点和痛点、如何设置用户的关键场景。同时，IT 团队要积极地与业务团队配合，为业务团队提供技术服务，实现业务能力与 IT 能力深度融合，这样才能真正做到数字技术与业务场景的精准匹配。企业在进行数字化转型中需要非常注意的一点是，最好的技术不是最先进的技术，而是最合适的技术，只有适合企业业务的技术才是最好的。

# 5.4　本章小结

本章通过对吉利汽车集团、三一重工和华为集团的数实融合路径分析得出，要成功实现数字化转型：首先，企业高层一定要从战略上高度重视，要有顶层全面数字化规划；其次，企业业务流程要进行数字化重塑；再次，要构建统一的数据基座，从而实现数据共建和共享；最后，要构建数字化产业价值链生态体系，未来企业要么融入别人构建的生态系统，要么自己构建生态系统。

# 第6章 发达国家数字经济与制造业深度融合的典型模式

本章将探讨主要发达国家数字经济与制造业深度融合的典型模式，从而为我国数字经济与制造业深度融合提供经验借鉴，主要探讨：①美国的数字创新引领高端制造模式；②德国的"工业4.0"推进传统制造智能化模式；③韩国的智能工厂强化技术融合应用模式；④英国的政策扶持推进技术创新模式。

## 6.1 引言

面对数字经济大潮，加快推进数字经济与实体经济深度融合，重塑数字竞争优势，顺应时代发展新形势是大部分发达国家领军企业的共同战略选择。因此，发达国家的数字经济规划相对较早，日本的《机器人新战略》、德国的"工业4.0"战略计划实施建议、美国的《先进制造业国家战略》等率先进入数字新技术领域，如数字制造、机器人、工业互联网等，使得中高端制造业的回流得到有效加速。

2016年以来，随着人工智能在全球范围的快速兴起，主要发达国家又进一步完善和升级了数字化战略与政策，聚焦人工智能领域。例如，日本在汽车交通、医疗健康、机器人等领域布局人工智能，针对自身严重的人口老龄化问题，提出了发展互联产业、建设超智能社会的目标；德国则提出了"工业 4.0"的发展目标，构建万物互联的全球数字生态，建设商业模式与技术的双驱动机制；美国则把 AI 定位为"必须走在前面"的目标——科技版图的核心；英国也提出了制造业发展新政策。

与此同时，许多国家也加入制造业数字化转型的浪潮中，纷纷出台促进数字经济与制造业深度融合的政策和计划，如美国发布了《先进制造合作伙伴计划》《国家人工智能研究与发展战略计划》（新版）；德国发布了《保障德国制造业的未来：关于实施"工业 4.0"战略的建议》《国家工业战略 2030：德国及欧洲产业政策的战略指导方针》《实施"工业 4.0"战略建议书》；韩国发布了《第四期科学技术基本计划（2018—2022）》；英国发布了《产业战略：人工智能领域行动》。

基于此，本书期望通过对发达国家数字经济与制造业深度融合典型模式的研究，为推动我国数字经济与制造业深度融合提供经验借鉴。为此，本书选取美国、德国、韩国和英国等国家，对其数字经济与实体经济深度融合的模式进行具体分析。

# 6.2 美国
## ——数字创新引领高端制造模式

### 6.2.1 美国数字经济发展情况

数字经济发展概况可以通过全球数字经济发展指数（TIMG）来考察，TIMG 指数从数字技术、数字基础设施、数字市场和数字治理四个维度来衡量全球数字经济的发展（张明等，2023）。通过 2013~2021 年美国数字经济发展指数值（见

表6-1），可以得出，美国的数字经济发展指数从2013年的86.41上升到2021年的95.28，位居世界第1；数字技术指数从2013年的87.06上升到2021年的91.83，位居世界第1；数字基础设施指数从2013年的79.79上升到2021年的93.07，位居世界第1；数字市场指数从2013年的94.99上升到2021年的106.08，位居世界第1；数字治理指数从2013年的83.81上升到2021年的90.15，排名也从2013年的第10位上升到第4位。同时，美国的数字经济发展一直处于世界优势地位，无论数字技术、数字基础设施还是数字市场都处于世界先进水平。

表6-1 2013~2021年美国数字经济发展指数

| 指数 | 总指数 | | 数字技术指数 | | 数字基础设施指数 | | 数字市场指数 | | 数字治理指数 | |
|------|------|------|------|------|------|------|------|------|------|------|
| 年份 | 2013 | 2021 | 2013 | 2021 | 2013 | 2021 | 2013 | 2021 | 2013 | 2021 |
| 分数 | 86.41 | 95.28 | 87.06 | 91.83 | 79.79 | 93.07 | 94.99 | 106.08 | 83.81 | 90.15 |
| 排名 | 1 | 1 | 1 | 1 | 1 | 1 | 1 | 1 | 10 | 4 |

资料来源：笔者根据《全球数字经济发展指数报告（TIMG2023）》整理。

### 6.2.2 美国数字创新引领高端制造的特点

美国的数字战略布局是非常早的，在互联网兴起时就开始谋划了。20世纪60年代，美国为保证科研机构和高校信息共享，开始从军事领域向民用领域引进互联网技术，并建立了"国家科学基金网"；20世纪80年代，美国打造了全球第一个电脑网络——APA网。互联网大潮随之掀起，到20世纪90年代，随着IT革命的深入发展，给经济发展带来了极大的促进作用和无限潜力。美国捕捉到未来科技发展的趋势，将未来的战略重点布局在信息科技产业。自此，美国开始正式启动长期数字战略布局和多种数字支持政策。美国数字战略布局经历了从信息基础设施建设时期，到新技术应用推动时期，再到国际竞争优势时期，每个时期数字创新引领高端制造的侧重点不同，也呈现不同的特征。

**6.2.2.1　信息基础设施建设时期**

互联网浪潮兴起以来，为全面建设"信息高速公路"、实现美国家庭电信光缆全覆盖，1993 年 9 月，美国宣布实施"国家信息基础设施行动计划"，计划在 20 年内投资 4000 亿美元。同时，美国也非常重视 IT 的研发。

20 世纪 90 年代，一股数字经济发展浪潮席卷美国。美国商务部于 1998 年发布了《浮现的数字经济》报告，后续连续发布了《新兴数字经济》《数字经济 2000》《数字经济 2002》《数字经济 2003》等年度报告。根据世界银行数据，美国经济也出现了连续的增长，GDP 从 1993 年的 6.859 万亿美元增长到 2004 年的 12.214 万亿美元，通胀回落到 30 年来的最低点，失业率也回落到 2004 年以来的最低点。

**6.2.2.2　新技术应用推动时期**

美国总统奥巴马继任时期，大力推动数字战略的实施，全面布局量子通信、5G、先进制造、大数据和云计算等科技创新领域，迅速推动了先进技术的应用。2010 年，美国大力加大宽带的应用和普及，不断加强医疗、教育等公共领域中宽带的应用，加快在不同区域宽带的普及。

同时，美国在云计算领域还设立了大量管理机构，帮助处理联邦政府的云计算业务，从而保证在所有联邦政府采购项目中云计算都是位于优先考虑之列（马化腾等，2017）。通过一系列新技术的扩散和推动，美国经济也出现了繁荣景象。2017 年，美国的数字经济总量达到近 11.50 万亿美元，占 GDP 的比重高达约 60%，位居世界第一（中国信息通信研究院，2018）。

**6.2.2.3　国际竞争优势时期**

随着全球 IT 产业的快速发展，各国都意识到数字化战略的重要性，纷纷布局数字化发展战略，如日本、英国、中国等国家都在积极加快信息化基础设施的建设。美国面对全球各国的数字挑战，采取全面对抗策略，将先进制造、5G、量子信息科学和人工智能四大科技领域归入国家"未来产业"之列，以确保美国数字技术和产业在世界范围内处于领先地位。

为确保在关键技术领域具有国际竞争优势，美国在量子信息科学和人工智能领域投入了大量研发资金，这些资金主要来自美国联邦政府、企业税收减免等方面的资助，还签署了一项行政命令，以维持美国人工智能的领导地位。同时，美国还颁布了一系列竞争法案，如《2021 美国创新与竞争法案》《2021 战略竞争法案》《重塑美国优势——国家安全临时战略指南》等，使得美国在自动驾驶、5G、人工智能等数字经济新领域处于领先地位。在数字化转型全球化的形势下，美国有意打造全球数字化生态系统，并为巩固其国际竞争地位发布了《数字战略（2020-2024）》（胡微微等，2022）。

综上所述，美国为了保证其在全球信息技术产业发展中的国际领先地位，已经开启了全面布局和数字化转型，基本构建了涉及开放创新体系、数字生态体系、数字治理体系、数字基础设施体系、数字技术创新体系、数字市场发展体系等制造业政策体系，具体的相关数字技术布局和政策布局如表 6-2 和表 6-3 所示。

表 6-2 1991~2020 年美国对数字技术的战略布局

| 年份 | 对数字技术的战略布局 |
| --- | --- |
| 1991 | 高性能计算法案 |
| 1993 | 信息高速公路计划 |
| 1998 | 下一代互联网研究法案 |
| 1999 | 21 世纪信息技术计划 |
| 2009 | 国家宽带计划 |
| 2010 | 网络与信息技术研发计划 |
| 2011 | 联邦云计算战略 |
| 2012 | 大数据研究与发展计划 |
| 2016 | 联邦大数据研究发展战略规划<br>先进无线通信研究计划<br>机器人技术路线图<br>国家人工智能研发战略计划 |
| 2017 | 国家宽带研究议程 |
| 2018 | 国家量子倡议法案 |

续表

| 年份 | 对数字技术的战略布局 |
|---|---|
| 2019 | 5G 加速发展计划<br>国家战略计算计划<br>国家人工智能研发战略计划 |
| 2020 | 关键和新兴技术国家战略 |

资料来源：沈平，王丹. 制造业数字化转型与供应链协同创新［M］. 北京：人民邮电出版社，2022.

表 6-3　美国相关推动数字经济和制造业深度融合计划和政策

| 年份 | 政策名称 | 主要内容 |
|---|---|---|
| 2011 | 《先进制造伙伴计划》 | 投资 4000 万美元，发展先进机器人技术，重点开发面向复杂系统的设计工具 |
| 2012 | 《先进制造业国家战略计划》 | 打造智造科技平台，加快智造科技创新 |
| 2012 | 《国家制造创新网络计划》 | 大力提升制造业创新能力的制造业创新组织网络的建立 |
| 2016 | 《联邦大数据研发战略计划》 | 构建数据驱动战略体系，加速科学发现和创新进程 |
| 2016 | 《国家人工智能研究和发展战略计划》 | 人工智能研究领域长期投资；制定《AI 技术标准》 |
| 2018 | 《先进制造业美国领导力战略》 | 提出制造新技术的开发与转化能力，对制造业劳动力的教育与培训能力，对国内制造业供应链的拓展能力等 |
| 2019 | 《国家人工智能研究和发展战略计划》 | 长期投资于 AI 基础研究，支持开发 AI 技术标准和相关工具，推动 AI 研发队伍建设等领域 |
| 2020 | 《美国制造业创新网络计划宪章》 | 在机器人、增材制造等特定新兴领域建立美国的领导地位和影响力，解决劳动力、技术等挑战，提高工业竞争力，加强美国国家安全 |
| 2021 | 《2021 美国创新与竞争法案》 | 重塑国家创新体系，投资 2500 亿美元，涉及六大板块。《应对中国的挑战法案》《国家安全和政府事务委员会的规定》《2021 年战略竞争法案》《无尽前沿法案》《芯片和开放式无线电接入网（O-RAN）5G 紧急拨款》等涉及国家安全问题的风险规避，以及支持 STEM 教育的政策措施 |
| 2021 | 《2021 年战略竞争法案》 | 重点在于与中国在技术和全球供应链上的全方位竞争 |

资料来源：沈平，王丹. 制造业数字化转型与供应链协同创新［M］. 北京：人民邮电出版社，2022.

# 6.3 德国

## ——"工业4.0"推进传统制造智能化模式

### 6.3.1 德国数字经济发展情况

通过分析表6-4中2013~2021年德国数字经济发展指数数值可以得出,德国数字经济发展指数从2013年的75.24上升到2021年的85.63,居全球第4位;数字技术指数从2013年的79.37上升到2021年的82.22,居全球第4位;数字基础设施指数从2013年的66.53点上升到2021年的86.93点,排名从第10位上升到第8位;数字市场指数从2013年的73.91上升到2021年的92.42,居全球第4位;但数字治理指数在全球20强中榜上无名。可以发现,德国的数字经济发展基本处于世界中上水平,无论是数字技术、数字基础设施还是数字市场都处于世界先进行列,但数字治理水平与数字经济发展水平不协调,未来需加强数字治理水平的提升。

表6-4 2013~2021年德国数字经济发展指数

| 指数 | 总指数 | | 数字技术指数 | | 数字基础设施指数 | | 数字市场指数 | | 数字治理指数① | |
|---|---|---|---|---|---|---|---|---|---|---|
| 年份 | 2013 | 2021 | 2013 | 2021 | 2013 | 2021 | 2013 | 2021 | 2013 | 2021 |
| 分数 | 75.24 | 85.63 | 79.37 | 82.22 | 66.53 | 86.93 | 73.91 | 92.42 | — | — |
| 排名 | 4 | 4 | 4 | 4 | 10 | 8 | 4 | 4 | — | — |

资料来源:笔者根据《全球数字经济发展指数报告(TIMG2023)》整理。

---

① 由于《全球数字经济发展指数报告(TIMG 2023)》中只有排名前20的数据,德国的数字治理指数没有进入前20名,所以没有相关数据。

## 6.3.2　德国"工业 4.0"推进传统制造智能化模式

德国是传统的制造业大国，在工业制造方面一直是欧洲的"领头羊"，属于高度发达的工业国家。因此，德国的创新战略的重点是发挥自身制造业优势。在全球数字经济发展的浪潮中，德国创新战略的核心是"工业 4.0"，以"工业 4.0"推动传统制造的智能化发展，目的是将数字技术与传统产业结合起来，走向新的高度。德国"工业 4.0"以 CPS 为核心，将生产管理系统、嵌入式系统、传感器、生产设备等集成为一个智能网络，实现对所有工业流程的重构，包括整个生命周期管理、供应链、价值链、材料使用、工程、制造等，形成一个智能的工业制造体系。使服务与服务之间、设备与设备之间、设备与服务之间互联互通，既实现企业内部的融合互联，又实现企业内部的融合互联，形成一个集互联网、物联网、服务于一体的智能联通系统框架。这样既做到了横向一体化、纵向一体化，又做到了端到端的高度融合。①②③ 真正意义上的智能化生产，将智能监控、智能管理、智能设备、智能服务等技术融合到一个全新的制造流程中，"工业 4.0"颠覆了传统的车间管理模式，让传统工厂管理模式被封闭。作为未来第四次工业革命的代表，智能工厂目前正朝着实现服务互联网、数据网络和物联网的方向不断前进，发展前景十分广阔。

### 6.3.2.1　强化政策布局，推动数实融合

德国政府相继发布了"工业 4.0"、《数字议程（2014~2017）》和《数字战略 2025》，以加快数字经济的发展。在此之前，德国政府就进行了一系列高科技

---

① 横向集成主要体现在网络协同合作上，是指从企业的集成到企业间的集成，走向企业间产业链、企业集团甚至跨国集团这种基于企业业务管理系统的集成，产生新的价值链和商业模式的创新。横向集成是指网络协同制造的企业间通过价值链以及信息网络所实现的一种资源信息共享与资源整合，确保了各企业间的无缝合作，提供实时产品与服务的机制。

② 纵向集成是指基于智能工厂中的网络化的制造体系，实现分散式生产，替代传统的集中式中央控制的生产流程。纵向集成主要体现在工厂内的科学管理上，从侧重于产品的设计和制造过程，走到了产品全生命周期的集成过程，建立有效的纵向的生产体系。

③ 端对端集成是指贯穿整个价值链的工程化信息系统集成，以保障大规模个性化定制的实施。端对端集成以价值链为导向，实现端到端的生产流程，实现信息世界和物理世界的有效整合。端对端集成是从工艺流程角度来审视智能制造，主要体现在并行制造上，将由单元技术产品通过集成平台，形成企业的集成平台系统，并朝着工厂综合能力平台发展。

战略的铺垫，具体如表 6-5 所示。

表 6-5　2006~2020 年德国促进数实融合的相关战略及政策

| 年份 | 战略/政策 |
|---|---|
| 2006 | 《高技术战略 2006~2009》 |
| 2010 | 发布《德国 2020 高技术战略》、并将"工业 4.0"战略作为十大未来项目之一 |
| 2011 | 《"工业 4.0"计划》 |
| 2013 | 《保障德国制造业的未来：关于实施"工业 4.0 战略"的建议》 |
| 2014 | 《数字议程（2014~2017）》《新高技术战略》 |
| 2016 | 《数字化行动计划》《数字战略 2025》 |
| 2018 | 《高技术战略 2025》《联邦政府人工智能战略》 |
| 2019 | 《国家工业战略 2030：对于德国和欧洲产业政策的战略指导方针》的计划草案 |
| 2020 | 《数字化实施战略》（第五版）、"未来一揽子计划" |

资料来源：笔者根据《德国发展报告》整理。


6.3.2.2　依托传统中小企业制造优势，促进数实融合发展

德国是以实体经济为主导的国家，始终坚持专注于传统制造工业科技产品的创新。得益于德国强大的装备制造业和机械制造业，以及在自动化工程领域和嵌入式系统方面的高技术水平，德国已成为全球制造业中具有国际竞争优势的国家之一，也是行业规则制定者之一和世界工业化的领导者之一。德国经济的突出特色形成了以中小企业为基础的多样化高质量生产，中小企业成为德国经济的支柱，尤其是中型制造企业，因为特别重视对产品的不断创新和更新，其国际竞争优势很强。德国 IT 企业中中小企业的比例高达 90%以上。随着 IT 技术被广泛应用，中小企业成为各行业技术转化和智能化的中坚力量，对德国"工业 4.0"的实施产生直接作用。同时，中小企业与大型企业共同构建的具有较强灵活性的价值网络，可以使更多的中小企业从新的价值网络中获得收益，进而在生产和服务网络中扮演重要角色，在新的价值网络中获得更多利益。此外，中小企业可以通过参与到新的价值网络体系之中，借助软件实现生产过程的横向集成和纵向集

成，降低企业的生产成本。

### 6.3.2.3　以研发投入为重点，促进数智创新制造

德国推动制造业数智化发展，加强企业研发投入。2007~2017 年，德国的研发投入不断增长。2017 年，德国研发投入占 GDP 的 3.04%，达到 996 亿欧元，首次实现了研发投入占 GDP 比重 3%的目标，这是"欧盟 2020 战略"中提出的。在创新领域，2016 年，德国销售额中约 3%的投入用于创新研发。企业在创新研发方面的投入高达 1588 亿欧元，在欧洲国家中排名第一，年增长速度为 2%，其中中小企业贡献了约 260 亿欧元，在创新热情最高的汽车、化学、制药、光学、测量技术、电子制造等行业中，企业在工业领域的投入占比高达 3/4。2016 年，德国经济界销售额达到 7190 亿欧元，其中 13.6%都是源于产品创新获得的（沈平和王丹，2022），主要来源于机械、电气和汽车制造等技术密集型行业。2022 年，德国投入 87 亿欧元用于设备制造和机械制造的研发，同比增长约 6%。① 此外，根据 Stifterverband 的报告数据显示，2022 年，德国设备制造和机械制造行业的研发人数达到了 5.4 万，同比增长 5%。研发资金和人员的投入不断增长，促使德国制造业不断向数智化创新方向发展。

# 6.4　韩国

## ——智能工厂强化技术融合应用模式

### 6.4.1　韩国数字经济发展情况

从表 6-6 中 2013~2021 年的数字经济发展指数数值可以得出，韩国的数字经济发展指数从 2013 年的 71.39 上升至 2021 年的 80.95。排名也由 2013 年的第 12 位上升至 2021 年的第 10 位；数字技术指数由 2013 年的 75.63 上升到 2021 年

---

① 资料来源：https://cn.smartmore.com/article/post/25851.html.

的 75.94，排名由 2013 年的第 7 位下降到 2021 年的第 9 位；数字基础设施指数从 2013 年的 66.71 上升到 2021 年的 82.48，排名从 2013 年的第 22 位上升到 2021 年的第 15 位；数字市场指数从 2013 年的 59.43 点上升到 2021 年的 84.04 点，排名从 2013 年的第 11 位上升到 2021 年的第 10 位；数字治理指数由 2013 年的 83.81 下降至 2021 年的 81.33，排名由 2013 年的第 9 位下降至 2021 年的第 20 位。可以发现，在数字技术获得稳步提升的同时，韩国的数字经济发展基本比较稳定，而其良好的数字基础设施建设也是稳步发展的关键因素。由于韩国数字治理水平没有跟上数字经济发展的步伐，限制了数字市场的扩张速度，未来应加强数字治理水平的提升，重点开拓数码市场。

表 6-6　2013~2021 年韩国数字经济发展指数

| 指数 | 总指数 | | 数字技术指数 | | 数字基础设施指数 | | 数字市场指数 | | 数字治理指数 | |
|---|---|---|---|---|---|---|---|---|---|---|
| 年份 | 2013 | 2021 | 2013 | 2021 | 2013 | 2021 | 2013 | 2021 | 2013 | 2021 |
| 分数 | 71.39 | 80.95 | 75.63 | 75.94 | 66.71 | 82.48 | 59.43 | 84.04 | 83.81 | 81.33 |
| 排名 | 12 | 10 | 7 | 9 | 22 | 15 | 11 | 10 | 9 | 20 |

资料来源：笔者根据《全球数字经济发展指数报告（TIMG2023）》整理。

### 6.4.2　韩国智能工厂强化技术融合应用模式

韩国是后发工业国，从农业国发展到现在的制造业世界第 5 位，特别是一些制造业在世界上占重要地位，如钢铁、化工、电子、汽车、造船。在全球高速发展的进程中，科技创新的带动效应可圈可点。经济合作与发展组织数据显示，韩国官方和民众在 R&D 上的投入在 2022 年达到 112.646 万亿韩元（折合人民币约 6111.8 亿元），在国内生产总值（GDP）中所占比例达到 5.21%。韩国研发人员达到 60.153 万人，同比增加 1.4864 万人。其中，专职研究人员达到 48.8774 万人，居全球第 4 位，紧随中国、美国和日本之后。而且，每千名经济活动人口中有 17.4 名研究人员，每千名人口中有 9.5 名研究人员，居全球首位①。韩国在船舶、航天、汽车、半导体和信息技术等领域的研发水平居全

① 资料来源：韩国 2022 年研发经费投入强度全球第二 [EB/OL]. [2023-12-07]. https：// baijiahao. baidu. com/s? id=1784602118646601837&wfr=spider&for=pc.

球前列，特别是在半导体领域，在芯片全产业链中的市场份额占到 16%（郗胡平，2023）。

韩国在推进智能制造的战略思路和具体部署时不把新技术突破作为重点，而是依靠大集团制造系统集成实力，使优势技术的应用范围和效益最大化，通过对地区智能制造创新中心加快扩散和应用的速度，取得好的示范效应和经济效益。

1991 年，韩国政府提出了"G-7 计划"，目标是在 2000 年前，韩国的技术发展水平有望达到世界一流发达国家的水平，其中包括 7 项基础技术和 7 项先进技术。后来，韩国受到亚洲"金融危机"的影响，制造业受到了重创。金融危机后，韩国为恢复经济发展，着手建立国家革新体制，开始对大型企业集团进行重组，并积极发展高科技产业、放宽政府管制、推行新自由主义理念。在一系列改革举措后，韩国的纺织、造船、化工、钢铁、汽车和电子等重要制造业迅速恢复了原有水平。到 2001 年，韩国 SK、LG、现代和三星等制造业企业进入世界一流企业行列。

2008 年以后，韩国更加注重国家战略技术领域的布局，韩国以官民合作为基础，开始重点支持半导体、网络安全、航空航天、下一代核能、尖端移动出行、尖端生物、二次电池、显示器、海洋等技术领域的发展，并积极推进个人信息技术标准开发、熔融盐原子炉核心技术、加密网络安全技术、创新型小型模块原子炉技术、混氢转换技术、新一代运载火箭开发、基因编辑技术、显示器技术开发及实证等的研发。对于量子技术、尖端机器人制造、新一代通信、人工智能等必要基础技术，韩国也是整合全体力量，提升核心原创技术。2008 年，韩国制定了《智能型机器人开发与普及促进法》，并从平台搭建、质量监控、人才培养等方面进行了全方位的顶层战略设计，力求将机器人产业打造成国家战略性产业。2012 年，韩国在提出投资 3500 亿韩元用于机器人产业的同时，又连续发布了长达 10 年的《机器人未来战略 2022》，力争使韩国机器人产业规模增长 10 倍。到 2013 年，在将机器人产业打造成国家战略性产业的构想下，韩国又发布了《第二次智能机器人行动计划

（2014—2018）》，目标是到 2018 年能够进入"世界机器人三强行列"，市场占有率达到全球 20%，出口额达到 70 亿美元。机器人 GDP 达 20 万亿韩元。韩国工业机器人产业以超过 12% 的市场复合增长率快速扩张和发展，在一系列强国政策的支持和推动下，跻身全球使用密度最高的工业机器人国家行列。

2014 年，韩国在参考德国"工业 4.0"的基础上，发布了被誉为韩国版"工业 4.0"的《制造业创新 3.0 战略》，制定了一系列促进韩国制造业与信息技术融合发展，创造新业态、新模式的近期和远期规划，韩国制造业的国际竞争优势随之提升。积极推进智慧医疗、智能穿戴装置、机器人、智能汽车、无人机等新兴动力产业。2015 年，韩国发布了《制造业创新 3.0 战略实施方案》，计划借助政府投资和民间资本的力量，投资 24 万亿韩元，整合新兴产业和智能工厂。以韩国浦项、LG、三星等为代表的企业在韩国政府的大力推动下，不仅在人力、技术等方面支持中小企业的智能化转型，而且在资金等方面也积极参与到大量项目中。2018 年，韩国提出以智慧型半导体、智慧型机器人、VR/AR、无人驾驶等领域为创新成长引擎的韩国第四次工业革命，发布了《第四期科学技术基本计划（2018-2022）》，计划设立 3000 亿韩元的智慧型工厂设计建构事业基金。2019 年，韩国再度启动"制造业复兴计划"，计划到 2030 年，新兴产业所占比重由 16% 提升至 30%，制造业平均附加价值由 25% 提升至 30%（沈平和王丹，2022），同时拥有全球竞争优势、跻身全球四大制造强国行列的顶尖企业数量也将倍增。

综上所述，韩国的数实融合主要是通过智能工厂这一载体的建设来促使数字技术与制造业的融合发展。

# 6.5　英国
## ——政策扶持推进技术创新模式

## 6.5.1　英国数字经济发展情况

从表 6-7 中 2013～2021 年的数字经济发展指数数值可以看出，英国的数字经济发展指数从 2013 年的 78.85 上升到 2021 年的 87.08，但排名由 2013 年的第 2 位下滑至 2021 年的第 3 位；数字技术指数从 2013 年的 72.70 上升到 2021 年的 75.45，排名从 2013 年的第 12 位上升到 2021 年的第 11 位；数字基础设施指数由 2013 年的 71.20 上升至 2021 年的 88.50，但排名由 2013 年的第 3 位下降至 2021 年的第 4 位；数字市场指数由 2013 年的 83.57 点上升至 2021 年的 95.32 点，但排名由 2013 年的第 2 位下降至 2021 年的第 3 位；数字治理指数从 2013 年的 87.93 点上升到 2021 年的 89.06 点，排名从 2013 年的第 3 位下降到 2021 年的第 6 位。

表 6-7　2013～2021 年英国数字经济发展指数

| 指数 | 总指数 | | 数字技术指数 | | 数字基础设施指数 | | 数字市场指数 | | 数字治理指数 | |
|---|---|---|---|---|---|---|---|---|---|---|
| 年份 | 2013 | 2021 | 2013 | 2021 | 2013 | 2021 | 2013 | 2021 | 2013 | 2021 |
| 分数 | 78.85 | 87.08 | 72.70 | 75.45 | 71.20 | 88.50 | 83.57 | 95.32 | 87.93 | 89.06 |
| 排名 | 2 | 3 | 12 | 11 | 3 | 4 | 2 | 3 | 3 | 6 |

资料来源：笔者根据《全球数字经济发展指数报告（TIMG2023）》整理。

可以发现，英国的数字经济发展总体上处于先进水平，其数字技术、数字基础设施和数字市场都得到了稳步发展，虽然数字治理水平有所提高，但进步相对于其他国家来说十分有限，未来需进一步加强数字技术和数字基础设施的建设，提高数字治理水平，开拓数字市场。而在数字治理方面，英国的数字经济发展总体处于先进水平。

## 6.5.2 英国政策扶持推进技术创新模式

英国不仅是欧洲第一大电子商务市场，数字化交付服务贸易在全球位居第三，还是全球第五大数字经济体。这一切都得益于英国积极制定的促进数字经济发展的整体战略部署，使得英国的科技大国和经贸大国地位得以巩固。

《数字英国》白皮书是 2009 年英国政府公布的第一份数字经济政策文件，主要战略部署了英国数字化转型的领域，包括社会、经济和文化。英国政府确定此次数字化转型的目的是提高全民参与水平，并确保在数字英国的建设中全民都能够受益。为了确保全民参与，英国政府注重完善数字基础设施建设，以保证 3G 和 4G 移动服务能够全区域覆盖。同时，英国提出发展数字化公共服务，助力数字化转型，为老百姓和广播公司提供数字化广播平台，拓宽了公共服务范围，提升了公共服务质量水平。为了鼓励消费者为了保护消费者的隐私权不受侵犯而获得的数码产品和服务，英国在注重数码知识产权保护的同时，也鼓励企业进行数码创新，注重对数码安全建设的维护。另外，英国政府还致力于通过推动创意产业的数字化转型来达到打造世界创意中心的目的。这一切都离不开数字创新人才的保障。为此，《数字英国白皮书》中提出要加强培养数字人才，并使之成为未来英国创新领域的主力。此后，英国政府为了促进 ICT 技术的发展，改善宽带基础设施的建设，并启动了"数字大不列颠"行动计划。2010 年 4 月，英国政府再次出台了旨在明确数字经济范畴和保护数字经济中的利益主体的《2010 数字经济法》（沈平和王丹，2022）。

2011 年，英国政府推出了抓住低碳经济发展的机遇、协助企业投资人力技能、加大无形资产投入、加快技术转化生产力速度、占领全球产业价值链高端五大制造业竞争策略。2013 年，英国政府发布《未来制造业：新时代给英国带来的机遇与挑战》，重新定义未来制造业为"服务+再制造"，以提高制造业附加值，形成智能制造格局，提升国际竞争力。2015 年，英国政府为了促进企业利用数字技术实现创新，总结过去数字经济发展过程中所面临的困境和未来的挑战，再次提出了《数字经济战略（2015-2018）》。该战略指出，英国未来在数字经济方面应实现以下目标：建立数字生态系统；提供专业技术和资源支持的个人进行数字化创新；加强数字化产品使用的便捷性、可信性等方面的工作；给予初创型数码公司相应的援助政策；加强可持续发展的数字化创新。

英国政府于 2017 年 3 月发布《英国数字战略》，正式将数字化战略上升到国家战略层面。该战略对脱欧后的英国如何全面推进数字化转型和发展世界先进数字经济进行了全面战略部署。这些战略部署涉及多个数字化转型战略，如数字经济战略、数字政府战略、网络空间战略、数字化转型战略、数字经济战略、数字技能与包容性战略和连接战略等，并希望通过该战略的实施，数字经济对英国经济的贡献值由 2015 年的 1180 亿英镑提升至 2025 年的 2000 亿英镑。

2018 年 4 月，英国政府再度发布《产业战略：人工智能领域行动》。2020 年，英国国际贸易大臣利兹·特拉斯宣布启动《英国未来科技贸易战略》，试图通过数字贸易的发展巩固英国的全球科技强国地位。2022 年 7 月，英国政府更新了先前发布的将科技创新视为数字经济发展关键驱动力的英国数字战略，重点关注如何加大创新投入、加强创新人才培养、激发创新主体活力和优化创新环境等问题，并前瞻性地部署了英国数字经济的发展，以提高其在制定数字标准方面的主导权。

# 6.6　本章小结

本章通过对美国、德国、韩国和英国等发达国家的数字经济与制造业深度融合的典型分析得出，美国是科技创新引领高端制造模式，德国是"工业4.0"推进传统制造智能化模式，韩国是智能工厂强化技术融合应用模式，英国是政策扶持推进技术创新模式。我国在推进数字经济与实体经济深度融合的过程中，应该汲取各国的经验，加快推进融合的进程，促进中国数智制造的发展。

# 第7章  我国数字经济与实体经济深度融合现状分析

本章将探讨我国数字经济与实体经济深度融合的基本情况，为我国数字经济与实体经济深度融合发展的政策建议提供事实依据，主要探讨两方面：①我国数字经济与实体经济深度融合的整体情况分析；②我国数字经济与实体经济深度融合的发展水平分析。

## 7.1  引言

近年来，我国坚定不移地推动数实深度融合，特别是在制造业领域，数字化转型已成为企业转型升级的关键。数字化转型的成功与否，对于整个行业能否紧跟中国数字经济迅猛发展的步伐至关重要。为理清我国制造业企业数实融合发展现状，首先对我国制造业数实融合的整体情况进行分析。其次，通过构建指标体系，利用熵值法测度制造业数实融合发展水平，并将制造业这个门类详细划分为各个大类进行分析与总结，从而为制定促进我国数字经济与实体经济深度融合发展的政策建议提供实证依据。

# 7.2 我国数字经济与实体经济深度融合的整体情况分析[①]

本书中的"实体经济"特指"制造业"。同时，为了数据采集需要，本书把"数字经济"与"网络经济"视为同一经济形态，因为网络经济是一种建立在计算机网络（特别是互联网）基础之上，以现代信息技术为核心的新经济形态，其实质和信息经济、数字经济同为一体，反映同一经济形态（张铭洪，2017）。此外，本书以"制造业与互联网两化融合"发展来衡量"实体经济和数字经济的深度融合"的发展状况。因为"两化融合"是信息化与工业化的融合，信息化与工业化不是独立运行的，而是两者在产品、技术和管理等各个层面和环节相互交融，即电子信息技术被广泛应用于工业企业的各生产环节，信息化成为企业经营管理的常规方式。实体经济的数字化转型强调的是基于计算机技术的信息数字化所带来的整个经济系统的转型，其本质就是信息化与工业化的融合。因此，本书以制造业与互联网两化融合来衡量实体经济和数字经济的深度融合发展状况，在理论上是可行的。因此，本书将通过制造业与互联网两化融合发展水平、两化融合发展阶段、两化融合新型基础设施支撑水平和两化融合发展的新模式与新业态四个方面，对我国数字经济与实体经济深度融合发展的整体情况进行分析。

## 7.2.1 两化融合发展水平

我国制造业与互联网的两化融合发展水平如图7-1所示。由图7-1可知，两化融合发展水平总体上呈现出不断上升的趋势，从2012年的45.10%上升到2020

---

① 该部分内容已经公开发表，参见：易秋平. 价值链重构视角下数字经济与实体经济深度融合机理研究［J］. 湖南科技大学学报（社会科学版），2023（3）：92-102.

年的 56%，年平均增长率约为 3%。到 2021 年第四季度，两化融合发展水平上升到 57.80%。

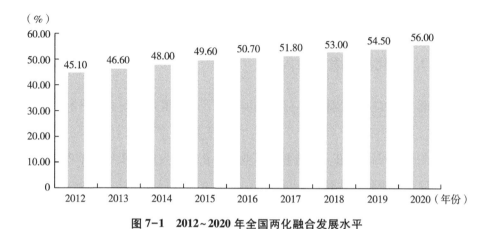

图 7-1　2012~2020 年全国两化融合发展水平

资料来源：笔者根据两化融合公共服务平台（https：//cspiii. com/think）自行整理。

从行业层面来分析（把制造业分为四大类：原材料制造业、装备制造业、消费品制造业和电子信息制造业，下同）。2021 年第四季度原材料制造业、装备制造业、消费品制造业和电子信息制造业的两化融合发展水平的数据显示（见图 7-2）：制造业的行业融合发展水平存在不均衡的状况，其中电子信息制造业

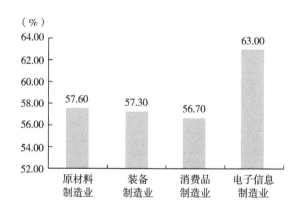

图 7-2　2021 年第四季度制造业各行业两化融合发展水平

资料来源：笔者根据两化融合公共服务平台（https：//cspiii. com/think）自行整理。

的两化融合发展水平最高，达到了63%，原材料制造业、装备制造业和消费品制造业相对低一些，且差异比较小，都在57%左右。未来要实现数字经济与实体经济深度融合，可能要重点突破原材料制造业、装备制造业和消费品制造业的两化融合水平。

## 7.2.2 两化融合发展阶段

两化融合发展阶段总体上可分为起步建设、单项覆盖、集成提升和创新突破四个阶段。

从图7-3中可以看出，制造业各行业的两化融合发展阶段处于单项覆盖阶段的企业比例占比较高，达到了54%左右，且基本没有行业差异。而处于起步建设和集成提升阶段的企业比例具有差异，其中处于起步阶段的企业比例原材料制造业达22.80%，消费品制造业为21.10%，电子信息制造业最低，为8.90%；处于集成提升阶段的企业比例装备制造业和电子信息制造业相对较高，分别达到23.30%和30.20%，这两个行业也是最有潜力进入创新突破阶段的。另外，制造业各行业处于创新突破阶段的企业比例是相对最低的，基本在6%左右，几乎没有行业差异。综上所述，当前整个制造业两化融合发展阶段大多处于单项覆盖阶段。

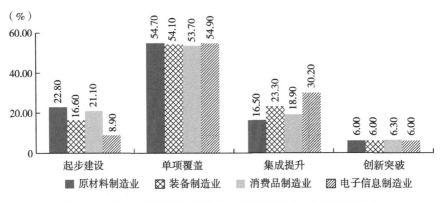

图7-3 2021年第四季度制造业各行业两化融合发展阶段分布

资料来源：笔者根据两化融合公共服务平台（https：//cspiii.com/think）自行整理。

### 7.2.3 两化融合新型基础设施支撑水平

制造业两化融合发展需要有生产设备数字化、关键工序数控化、数字化生产设备联网、工业云平台应用等重要新型基础设施为保障。

从行业数据来看，2019年第三季度到2021年第四季度，制造业各行业的生产设备数字化率、关键工序数控化率和工业云平台应用率总体呈上升趋势（见图7-4至图7-6）。其中，电子信息制造业的生产设备数字化率是最高的，其次是原材料制造业、消费品制造业，最低的是装备制造业。关键工序数控化率方面，原材料制造业是最高的，其次是电子信息制造业和消费品制造业，最低的是装备制造业。在工业云平台应用率方面，电子信息制造业总体上依次高于消费品制造业、装备制造业和原材料制造业，但装备制造业的工业云应用率增长较快，在2021年依次超越了消费品制造业和电子信息制造业。

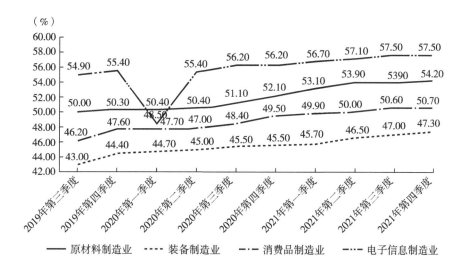

图 7-4 2019~2021年制造业各行业生产设备数字化率

资料来源：笔者根据两化融合公共服务平台（https://cspiii.com/think）自行整理。

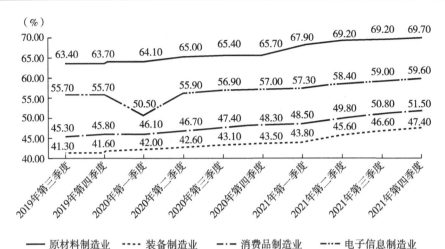

图 7-5　2019~2021 年制造业各行业关键工序数控化率

资料来源：笔者根据两化融合公共服务平台（https：//cspiii.com/think）自行整理。

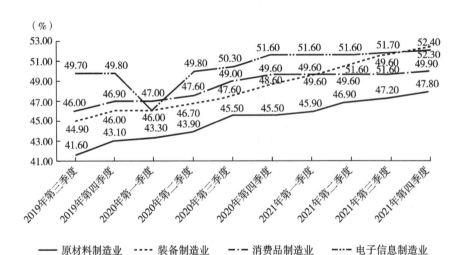

图 7-6　制造业各行业工业云平台应用率

资料来源：笔者根据两化融合公共服务平台（https：//cspiii.com/think）自行整理。

## 7.2.4　两化融合发展的新模式与新业态

当前，全国各区域都开始转变制造业发展方向。从 2019 年第三季度到 2021

年第四季度的行业数据来看（见图 7-7 至图 7-10)①，制造业在开展网络化协同研制、个性化定制、服务型制造、智能制造等领域还处于探索阶段。其中，网络化协同研制和服务型制造相对较好，基本在 30% 以上。实现个性化定制的企业比例则更低，基本低于 10%。实现智能制造的企业比例也较低，基本在 10% 左右，最高的电子信息制造业也只有 15% 左右。

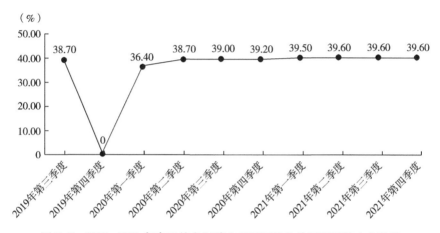

**图 7-7  2019~2021 年电子信息制造业实现网络化协同研制的企业比率**

资料来源：笔者根据两化融合公共服务平台（https：//cspiii. com/think）自行整理。

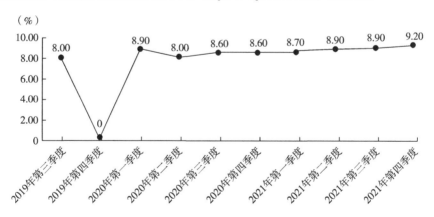

**图 7-8  2019~2021 年电子信息制造业开展个性化定制的企业比率**

资料来源：笔者根据两化融合公共服务平台（https：//cspiii. com/think）自行整理。

---

① 这里开展网络化协同研制、个性化定制、服务型制造的原材料制造业、装备制造业和消费品制造业统计数据缺失，只有电子信息制造业的数据，而且 2019 年第四季度的数据缺失，所以在图中显示为零。

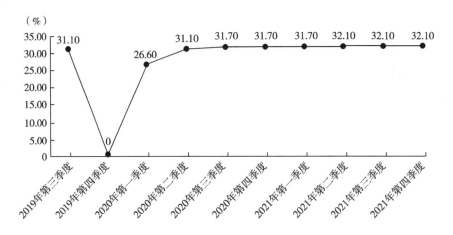

**图 7-9 2019~2021 年电子信息制造业开展服务型制造的企业比率**

资料来源：笔者根据两化融合公共服务平台（https：//cspiii.com/think）自行整理。

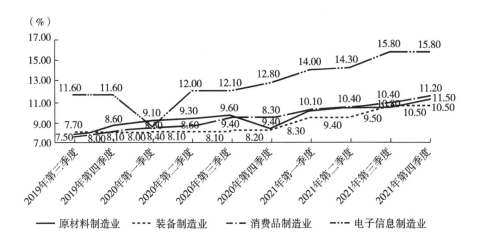

**图 7-10 制造业各行业智能制造就绪率**

资料来源：笔者根据两化融合公共服务平台（https：//cspiii.com/think）自行整理。

综上所述，我国制造业与互联网的融合发展水平在持续提升，但目前基本还处于单项覆盖阶段，实现集成提升和创新突破的企业还较少，两化融合新型基础设施支撑水平不高，制造业新模式发展还处于探索阶段，尤其是原材料制造业、装备制造业和消费品制造业仍处于起步阶段。

# 7.3 我国数字经济与实体经济深度融合水平分析

## 7.3.1 数实融合水平测度

### 7.3.1.1 测度方法选择

数实融合中的"数"尚未被明确定义为数字技术还是数字经济，学界通常将数字技术和数字经济混合使用来讨论数实融合，而产业界讲的"数"更多的是指数字技术。目前，有学者通过熵值法、耦合协调度模型、灰色关联度模型，评估中国各省份的数实融合协调发展水平（高培培，2024），也有学者利用爬虫（python）技术抓取公司年报中"数字化转型"相关词频，通过对词频取对数来衡量企业数实融合程度（赵宸宇，2021）。但是，并没有统一的基于企业层面来衡量数实融合的测量标准。因此，本书通过构建指标体系，利用熵值法获得企业数实融合的综合得分，将其作为衡量指标。

### 7.3.1.2 测度指标构建

由于企业层面的数实融合主要强调数字技术与实体经济的融合，因此在指标构建过程中着重考虑数字技术相关的变量。针对上市公司的数实融合评价指标体系如表 7-1 所示。

表 7-1 数实融合评价指标

| 目标层 | 准则层 | 指标层 | 指标衡量方式 | 属性 |
|---|---|---|---|---|
| 上市公司数实融合发展 | 经济效益 | 营业收入增长率 | 本年营业收入/上一年营业收入−1 | + |
| | | 净利润增长率 | 本年净利润/上一年净利润−1 | + |
| | | 资产负债率 | 年末总负债/年末总资产 | + |

续表

| 目标层 | 准则层 | 指标层 | 指标衡量方式 | 属性 |
|---|---|---|---|---|
| 上市公司数实融合发展 | 技术创新 | 专利获取情况 | 专利质量 | + |
| | | 员工结构 | 技术人员占总员工比重 | + |
| | | 企业数字化转型 | python 爬虫相关词频取对数 | + |
| | | | 数字化无形资产占比 | + |
| | | 数据利用 | 数据要素利用水平 | + |
| | | 研发投入 | 研发支出占当期收入比重 | + |
| | | 设备改造 | 工业机器人渗透速度 | + |
| | 绿色发展 | 能源消耗 | 将耗水量、原煤使用量等能源消耗的数据按一定折算系数折算成统一标准煤 | − |
| | | 环境保护支出 | 环境保护税 | − |

#### 7.3.1.3 测度数据来源

本书选取 2011~2022 年中国上市公司的面板数据，数据主要来源于国泰安（CSMAR）数据库。剔除数据缺失和年份不连贯的样本后，最终得到 9564 份样本。

### 7.3.2 数实融合测度结果分析

#### 7.3.2.1 测度结果

基于熵值法测算上市公司 2011~2022 年数实融合水平，对每年的企业数实融合得分取均值。随后根据证监会 2012 年版《上市公司行业分类指引》将样本按照行业进行分类并取均值处理。由于部分企业主营业务的变更导致企业的行业分类发生变化，使部分行业年份数据缺失，对这些行业进行剔除，最终得到采矿业，制造业，电力、热力、燃气及水生产和供应业，建筑业，房地产业的数实融合得分并进行对比分析（见表 7-2）。

表 7-2 部分行业数实融合得分

| 年份 | 总体均值 | 制造业 | 采矿业 | 电力、热力、燃气及水生产和供应业 | 建筑业 | 房地产业 |
|---|---|---|---|---|---|---|
| 2011 | 0.1283 | 0.1282 | 0.1029 | 0.0877 | 0.1043 | 0.0748 |
| 2012 | 0.1305 | 0.1319 | 0.1136 | 0.1007 | 0.1046 | 0.0771 |
| 2013 | 0.1478 | 0.1499 | 0.1072 | 0.0980 | 0.1376 | 0.1355 |
| 2014 | 0.1435 | 0.1446 | 0.1180 | 0.0971 | 0.1552 | 0.1107 |
| 2015 | 0.1734 | 0.1742 | 0.1375 | 0.1270 | 0.1941 | 0.1718 |
| 2016 | 0.1363 | 0.1371 | 0.1067 | 0.1047 | 0.1523 | 0.1499 |
| 2017 | 0.1647 | 0.1651 | 0.1535 | 0.1259 | 0.1533 | 0.1468 |
| 2018 | 0.1848 | 0.1856 | 0.1676 | 0.1319 | 0.1625 | 0.1951 |
| 2019 | 0.1668 | 0.1670 | 0.1542 | 0.1195 | 0.1775 | 0.1469 |
| 2020 | 0.1613 | 0.1611 | 0.1519 | 0.1320 | 0.1639 | 0.1458 |
| 2021 | 0.1664 | 0.1661 | 0.1591 | 0.1440 | 0.1783 | 0.1341 |
| 2022 | 0.1802 | 0.1799 | 0.1638 | 0.1504 | 0.2052 | 0.1298 |

根据表 7-2 中的数据制成两个折线图,其中图 7-11 为制造业数实融合水平与总体均值的对比;图 7-12 为制造业与非制造业实体行业的数实融合水平对比。

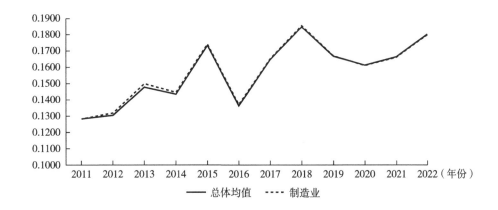

图 7-11 制造业数实融合水平与总体均值对比

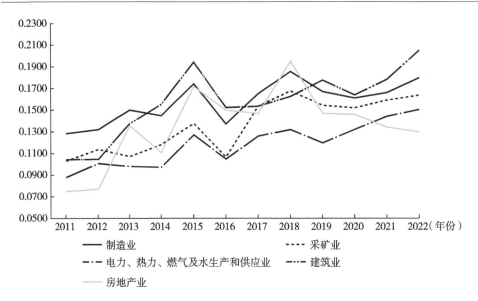

图 7-12　制造业与非制造业实体行业数实融合对比

#### 7.3.2.2　测度结果时间特征分析

2011~2022 年，总体均值呈现出逐步上升的趋势，表明数实融合水平在不断提高。尤其在 2015 年、2018 年和 2022 年，总体均值有了较明显的增长，表明我国的数实融合取得了显著的进展。相比之下，2016 年和 2019 年的融合水平增长较为平缓，可能受到了某些外部因素的影响，如经济波动或行业调整等。

2015 年是各行业数实融合发展的一个高峰。在这一年，全国各省份加速发展数字产业，成为数字技术应用于实体经济的关键时间点。2016 年，数实融合发展水平有所回落。近年来，数实融合的整体发展趋势呈平稳上升态势。虽然在 2020 年数实融合发展水平有所下降，但自 2021 年起又恢复缓慢上升的状态。近年来，国家相关部门出台了约 60 项产业数字化政策，通过多项配套扶持政策，不断强化顶层设计和整体统筹，加快企业数实融合的进程。

#### 7.3.2.3　测度结果行业特征分析

（1）制造业与非制造实体行业对比分析

从不同行业发展情况来看，由于制造业企业在中国上市企业中占比最大，所以制造业数实融合发展趋势线与总体均值线的趋势基本一致，融合水平呈逐年提升态势，特别是在 2015 年和 2018 年有明显的增长。自 2015 年起，制造业的数实融合水平增速明显加快，反映了制造业在数字化转型和产业升级方面取得了积极进展。在增长过程中，制造业的数实融合水平也出现了几次波动。例如，在 2016 年出现了小幅下滑，可能与当时全球经济形势和制造业结构调整有关。但在随后的年份中，制造业的数实融合水平又逐步回升，表明其具有较强的恢复能力和适应能力。制造业是数实融合发展的关键产业，如何有效促进制造业的数字化转型也是两者全面协同发展的重要突破口。受环境因素、成本因素、思想因素等影响，许多制造业的数字化转型还没有深入践行，尤其是一些与生产相关的核心环节，其数字化水平不高，中小企业的数字化转型更是存在较大问题。制造业作为狭义上的实体经济，其发展对于中国社会经济的高质量发展至关重要。

图 7-12 中房地产行业数实融合水平不高且有波动起伏。近年来，受经济发展和人口生育状况影响，房地产行业发展面临一定困境，传统房地产企业的数字化转型已经刻不容缓。目前，房地产行业的数字化转型仍面临显著挑战，许多公司都还停留在传统的生产方式上，还没有真正地与数字化、智能化相结合，生产建设相对滞后。因此，传统的房地产公司应该跟上国家的政策导向，把数字技术应用到房地产开发的每一个阶段，节约成本，提高决策的科学性，减少决策的风险，实现企业长期的发展。采矿业虽然呈现出增长趋势，但其增速相对平稳，整体融合水平相对较低。建筑业在 2015 年之前的融合水平较低，但之后迅速提升，特别是在 2018 年达到了较高水平。而电力、热力、燃气及水生产和供应业的数实融合水平在多数年份中保持相对较低的融合水平。

此外，虽然各个行业的融合水平存在差异，但总体上都呈现出增长趋势，反映出整个社会的数字化转型趋势密切相关。各行业之间的融合水平也可能相互影响，形成协同发展的态势。这些行业与数字技术的融合程度日益加深，数字技术逐渐应用于产业链各环节。

综上所述，我国数实融合水平在逐年提高，不同行业之间存在差异但总体趋势向好。为了进一步推动数实融合的发展，需要持续加强技术创新、政策引导和市场培育等多方面的工作。

（2）制造业内部各行业对比分析

将制造业按照行业划分标准划分为橡胶和塑料制品业、家具制造业、纺织业等进行度量分析，将样本年份数据缺失的行业进行剔除。制造业各大类的数实融合水平如表7-3所示。

从表7-3中可以看出，不同行业在数实融合水平上存在显著差异。例如，计算机、通信和其他电子设备制造业，以及仪器仪表制造业在近年来展现了较高的数实融合水平，特别是在2020~2022年，这些行业的融合水平普遍较高，超过了20%。与之相反，一些传统行业，如橡胶和塑料制品业，酒、饮料和精制茶制造业的数实融合水平则相对较低，基本保持在10%~15%。大多数行业在数实融合水平上呈现出逐年增长的趋势。2018~2022年，许多行业的数实融合水平都有显著提升。值得注意的是，个别行业在某些年份出现了波动或下降，如黑色金属冶炼及压延加工业在2014年的融合水平明显偏低，这可能与当年的行业状况、市场环境或技术变革有关。高新技术行业，如计算机、通信和其他电子设备制造业，仪器仪表制造业，在数实融合水平上具有明显优势。这可能与这些行业更加依赖于技术创新和数字化手段来推动生产和管理有关。

制造业的数实融合具有三大特征：一是技术驱动，技术密集型行业在数实融合方面表现突出，技术创新是推动产业升级和融合的关键因素；二是传统产业转型，传统行业在保持稳定的同时，也在积极探索数字化转型和产业升级的路径，以适应市场变化和竞争需求；三是政策与市场的共同作用，行业的数实融合水平受到政策和市场的双重影响。政府政策为行业的转型升级提供了支持和指导，而市场需求则推动了行业在数实融合方面的积极探索和实践。

对于传统行业而言，数实融合既是挑战也是机遇。一方面，传统行业需要面对数字化转型的压力，提升生产效率和产品质量；另一方面，通过数实融合，传统行业也可以实现产业升级和模式创新。政府和相关机构在推动数实融合方面起到了关键作用。通过政策引导、资金支持和人才培养等措施，可以促进各行业特别是传统行业的数字化转型和数实融合进程。

表 7-3　制造业内部各行业对比分析

| 行业＼年份 | 2011 | 2012 | 2013 | 2014 | 2015 | 2016 | 2017 | 2018 | 2019 | 2020 | 2021 | 2022 |
|---|---|---|---|---|---|---|---|---|---|---|---|---|
| 橡胶和塑料制品业 | 0.1100 | 0.1147 | 0.1188 | 0.1159 | 0.1378 | 0.1307 | 0.1235 | 0.1312 | 0.1753 | 0.1232 | 0.1607 | 0.1103 |
| 酒、饮料和精制茶制造业 | 0.0853 | 0.1065 | 0.1266 | 0.2081 | 0.2195 | 0.1413 | 0.1669 | 0.1823 | 0.1515 | 0.1540 | 0.1389 | 0.1179 |
| 家具制造业 | 0.0686 | 0.0724 | 0.1149 | 0.1235 | 0.2182 | 0.2098 | 0.2217 | 0.2731 | 0.1834 | 0.1778 | 0.1762 | 0.1302 |
| 皮革、毛皮、羽毛及其制品和制鞋业 | 0.0774 | 0.0793 | 0.0907 | 0.0667 | 0.1283 | 0.1466 | 0.1877 | 0.1075 | 0.1475 | 0.1546 | 0.0917 | 0.1310 |
| 有色金属冶炼及压延加工业 | 0.0981 | 0.0968 | 0.1032 | 0.1112 | 0.1196 | 0.1046 | 0.1230 | 0.1291 | 0.1171 | 0.1341 | 0.1392 | 0.1399 |
| 化学纤维制造业 | 0.0794 | 0.0777 | 0.0820 | 0.0829 | 0.1001 | 0.0984 | 0.1197 | 0.1266 | 0.1182 | 0.1259 | 0.1266 | 0.1460 |
| 纺织业 | 0.1144 | 0.1164 | 0.1315 | 0.1413 | 0.1438 | 0.1102 | 0.1267 | 0.1571 | 0.1402 | 0.1368 | 0.1355 | 0.1485 |
| 化学原料及化学制品制造业 | 0.0927 | 0.0991 | 0.1131 | 0.1110 | 0.1356 | 0.1119 | 0.1236 | 0.1425 | 0.1268 | 0.1405 | 0.1416 | 0.1486 |
| 石油加工、炼焦及核燃料加工业 | 0.1078 | 0.1005 | 0.0673 | 0.1246 | 0.1106 | 0.0965 | 0.1138 | 0.1283 | 0.1309 | 0.1301 | 0.1367 | 0.1502 |
| 造纸及纸制品业 | 0.1034 | 0.1075 | 0.1259 | 0.1310 | 0.1442 | 0.1178 | 0.1214 | 0.1405 | 0.1230 | 0.1452 | 0.1404 | 0.1503 |
| 非金属矿物制品业 | 0.0937 | 0.0930 | 0.1073 | 0.0966 | 0.1316 | 0.1083 | 0.1222 | 0.1276 | 0.1240 | 0.1314 | 0.1325 | 0.1505 |
| 其他制造业 | 0.1376 | 0.0872 | 0.1109 | 0.1093 | 0.1271 | 0.1001 | 0.1752 | 0.1821 | 0.1621 | 0.1447 | 0.1396 | 0.1636 |
| 铁路、船舶、航空航天和其他运输设备制造业 | 0.1083 | 0.1053 | 0.1296 | 0.1200 | 0.1366 | 0.1128 | 0.1430 | 0.1513 | 0.1451 | 0.1361 | 0.1465 | 0.1643 |
| 医药制造业 | 0.1074 | 0.1065 | 0.1223 | 0.1211 | 0.1530 | 0.1170 | 0.1294 | 0.1393 | 0.1415 | 0.1388 | 0.1525 | 0.1645 |

续表

| 行业 \ 年份 | 2011 | 2012 | 2013 | 2014 | 2015 | 2016 | 2017 | 2018 | 2019 | 2020 | 2021 | 2022 |
|---|---|---|---|---|---|---|---|---|---|---|---|---|
| 纺织服装、服饰业 | 0.1241 | 0.1621 | 0.1933 | 0.1992 | 0.1992 | 0.1492 | 0.1682 | 0.1867 | 0.1550 | 0.1397 | 0.1471 | 0.1661 |
| 金属制品业 | 0.0963 | 0.1082 | 0.1207 | 0.1128 | 0.1581 | 0.1306 | 0.1461 | 0.1627 | 0.1425 | 0.1508 | 0.1560 | 0.1670 |
| 食品制造业 | 0.1123 | 0.1248 | 0.1459 | 0.1461 | 0.1748 | 0.1142 | 0.1279 | 0.1524 | 0.1440 | 0.1409 | 0.1564 | 0.1694 |
| 农副食品加工业 | 0.1014 | 0.1058 | 0.1123 | 0.1256 | 0.1510 | 0.1253 | 0.1554 | 0.1469 | 0.1582 | 0.1371 | 0.1350 | 0.1706 |
| 汽车制造业 | 0.1045 | 0.1018 | 0.1101 | 0.1137 | 0.1473 | 0.1220 | 0.1484 | 0.1655 | 0.1467 | 0.1484 | 0.1586 | 0.1726 |
| 黑色金属冶炼及压延加工业 | 0.1160 | 0.1142 | 0.1422 | 0.0565 | 0.1656 | 0.1260 | 0.1374 | 0.1671 | 0.1580 | 0.1457 | 0.1519 | 0.1732 |
| 通用设备制造业 | 0.1066 | 0.1196 | 0.1305 | 0.1261 | 0.1505 | 0.1268 | 0.1590 | 0.1863 | 0.1627 | 0.1534 | 0.1551 | 0.1780 |
| 专用设备制造业 | 0.1395 | 0.1208 | 0.1392 | 0.1447 | 0.1774 | 0.1368 | 0.1705 | 0.2019 | 0.1810 | 0.1770 | 0.1730 | 0.1877 |
| 木材加工及木、竹、藤、棕、草制品业 | 0.0718 | 0.1138 | 0.2198 | 0.2457 | 0.2465 | 0.1572 | 0.2014 | 0.1784 | 0.1816 | 0.1882 | 0.1977 | 0.1881 |
| 电气机械及器材制造业 | 0.1845 | 0.1805 | 0.2041 | 0.1800 | 0.2149 | 0.1609 | 0.1938 | 0.2235 | 0.1951 | 0.1752 | 0.1790 | 0.1901 |
| 印刷和记录媒介复制业 | 0.1779 | 0.1866 | 0.2205 | 0.1808 | 0.2265 | 0.1885 | 0.2008 | 0.2341 | 0.1945 | 0.1307 | 0.1716 | 0.2009 |
| 计算机、通信和其他电子设备制造业 | 0.1849 | 0.1966 | 0.2268 | 0.2075 | 0.2468 | 0.1841 | 0.2405 | 0.2634 | 0.2312 | 0.2120 | 0.2211 | 0.2368 |
| 文教、工美、体育和娱乐用品制造业 | 0.1175 | 0.1376 | 0.1471 | 0.1361 | 0.1987 | 0.2118 | 0.2305 | 0.3061 | 0.2514 | 0.1701 | 0.2004 | 0.2550 |
| 仪器仪表制造业 | 0.1959 | 0.2333 | 0.2343 | 0.2547 | 0.2956 | 0.2263 | 0.2928 | 0.3176 | 0.2483 | 0.2412 | 0.2612 | 0.2790 |

# 7.4　我国数字经济与实体经济深度融合存在的问题

尽管数字经济与实体经济在某些领域已经实现了初步融合，也取得了一定的成绩，但在更广范围、更深层次上的融合仍然面临着诸多挑战。这些挑战来自技术、制度、文化等多个方面。

## 7.4.1　技术融合难

尽管数字技术在不断发展，但要实现与实体经济的深度融合仍面临技术挑战。例如，阿里巴巴云网端协同能力在出行领域的应用除了货物物流上的数字化创新升级，数字化浪潮也席卷到了人们的出行领域。在阿里云"汽车云"方面，随着汽车智能化的发展，汽车企业需要处理的数据量呈爆炸式增长，如何有效地存储、处理和分析这些数据是一个巨大的挑战。同时，自动驾驶等技术的研发需要海量的计算资源，如何构建高效、稳定的云计算平台，满足汽车企业的需求。尽管如此，数字技术的推广应用同样具有较大的难度。为了克服这些技术困难，阿里巴巴集团不断投入研发力量，加强与高校、研究机构的合作，积极引进和培养人才。同时，阿里巴巴集团还通过开放合作的方式，与汽车企业、芯片企业等产业链上下游伙伴共同推动汽车智能化的发展。解决技术融合难度的问题，需要推动数字技术的进一步研发和应用，打破技术壁垒，实现技术的互联互通。

## 7.4.2　数据安全难

在 2023 中国互联网大会上，奇安信集团董事长齐向东在发表主题演讲时表示，数实融合让数据成了关键生产要素和驱动发展的重要战略资源，要以"零事故"为目标，以"内生安全"为核心，进行网络空间的安全建设。由于数字生态系统尚不健全，政府数字基础设施建设不够完善，数字生态系统中的管理、监管、治理还存在不规范、相关政策标准落后等问题。而治理体系、标准体系、监管体系不完善，以及融合生态系统不健全，会导致数字生态系统的健康发展受到影响。根据诺基亚的报告，2023 年，物联网僵尸网络攻击数量激增了 400%，受损的物联网设备由 10 万台增加到 50 万台。威瑞森的统计显示，82% 的数据泄露事件和内部有关，内部人员的风险主要集中在"三员"之中，即管理员、操作员、技术员。他们往往具有比较高的数据访问权限，更容易获取企业内部财产和资料，也容易成为黑客"钓鱼"目标。数据作为关键生产要素，总量大、价值高、流通节点多，随着数据和实体经济深度结合，现实世界和网络空间的界限越来越模糊，也使得安全运营难度倍增（李英慧，2024）。随着数字技术与实体经济的融合，海量数据不断生成和传输。如何确保这些数据的安全性和隐私性，防止数据被泄露和滥用，已成为重要挑战。这不仅需要防止信息泄露、篡改和破坏等传统安全问题，还需要应对网络攻击、虚拟盗窃等新型安全威胁。

### 7.4.3 人才获取难

数实融合领域对人才的需求具有跨界性，要求人才既懂数字技术又懂实体经济。此类人才对实现数实融合至关重要，但市场供不应求，不仅阻碍了企业数字化转型进程，也限制了数字经济与实体经济融合的创新协同发展。此外，一些传统行业对数字化技术的认识和投入不足，导致人才结构单一，难以适应数实融合的发展趋势。以"华瑞制造"为例，该企业在机械制造领域有着深厚历史和技术积累。近年来，随着工业互联网、大数据、人工智能等技术的快速发展，华瑞制造决定进行深度的数字化转型，以提升生产效率、优化供应链管理并开拓新的市场机会（李英慧，2024）。然而，在推进数字化转型的过程中，华瑞制造很快发现自身面临着严重的人才短缺问题。因此，如何满足企业对数字人才的需求是未来要重点破解的难题。

# 7.5　本章小结

本章主要就我国数字经济与实体经济深度融合的发展现状及面临的挑战进行了分析。分析得出，当前我国制造业与互联网的融合发展总体上处于单向覆盖阶段，要实现从单向覆盖阶段向集成提升和创新突破高级阶段攀升，还应该重点着力提升制造业与互联网两化融合新型基础设施支撑水平，促进两化融合发展的新模式与新业态发展。同时，我国制造业的数实融合水平是不断提升的，不同行业在数实融合水平上存在差异。对于各行业而言，需要根据自身行业融合特征和市场需求，制定合适的数字化转型战略，积极应对数实融合带来的挑战和机遇。最后，我国数字经济与实体经济融合发展还面临着"三难"：技术融合难、数据安全难和人才获取难，未来应重点解决这"三难"问题。

# 第 8 章　数字经济与实体经济深度融合的政策建议

在对前面章节综合分析的基础上，本章将主要从价值链重构对数字经济与实体经济深度融合的政策要求和技术要求入手，探讨如何制定价值链重构下数字经济与实体经济深度融合发展的政策方案。主要探讨：①促进数字经济与实体经济深度融合的宏观政策；②促进数字经济与实体经济深度融合的产业政策；③促进数字经济与实体经济深度融合的企业政策。

## 8.1　引言

当前，我国企业数字化转型主要是大企业在引领，中小企业的整体数字化水平相对较低。统计数据显示，受到理念、技术、人才、管理以及成本等因素制约，89%的中小企业处于数字化转型的探索阶段，8%的中小企业处于数字化转型的践行阶段，仅有 3%的中小企业处于数字化转型的深度应用阶段①。为此，在未来的数字化转型升级过程中，不仅要发挥大企业的数字化引领作用，还要关

---

① 我国中小企业数字化转型现状 ［EB/OL］. 榆林市工业信息化推广应用中心 ［2023 - 10 - 31］. http：//www. yliit. com/cms/view/2298. html.

注中小企业的数字化转型。因为我国 80% 以上的城镇劳动就业、70% 以上的技术创新、60% 以上的 GDP 和 50% 以上的税收，都是源于中小企业①，中小企业不仅是稳定就业和保证经济的重要基础，更是国民经济和社会发展的主力军。下面我们主要从宏观、中观和微观层面分别探讨促进我国企业数实深度融合的宏观政策、产业政策和企业政策。

# 8.2　促进数字经济与实体经济深度融合的宏观政策

### 8.2.1　加快信息基础设施建设以推动数字化消费市场的形成

要实现数字经济与实体经济的深度融合，价值链的技术重构要先行。而要实现技术重构，信息基础设施的建设要先行。美国 1993 年就开始实施"国家信息基础设施"工程计划，以建设全美国人都能共享的"信息高速公路"，这也为美国数字经济的发展奠定了良好的基础。当前，我国的数字鸿沟虽然在不断缩小，但依然存在。截至 2024 年 6 月，我国城镇地区互联网普及率为 85.3%，农村地区互联网普及率为 63.8%②。如果顾客无法做到随时随地上网，那么营销链的数字化就难以实现。这种状况会形成倒逼机制，阻碍产品链和生产链的数字化进程，毕竟企业不会为缺乏消费基础的市场投入资源。因此，我国必须加快信息基础设施的建设进程，以推动数字化消费市场为着力点，推动我国制造业的数字化生产进程。

### 8.2.2　加强数据安全战略体系构建以确保隐私安全

在数字化时代背景下，人工智能、大数据、物联网等技术的发展使得传统制

---

① 资料来源：我国中小企业数字化转型现状［EB/OL］. 榆林市工业信息化推广应用中心，［2023-10-31］. http：//www. yliit. com/cms/view/2298. html.

② 资料来源：第 54 次《中国互联网络发展状况统计报告》。

造品转向由软件和数据来驱动和定义。数字新技术的发展一方面给消费者和企业带来了更加便捷的体验，另一方面又会对数据安全提出新的挑战。数据安全战略体系的构建包括数据基础安全、数据全生命周期安全和数据安全战略三部分。基础安全主要是从数据安全的保障措施上进行定义和要求，涉及安全事件应急、安全风险分析、身份认证与访问控制、监控审计、合作方管理、合规管理、数据分类分级七个能力项。数据全生命周期安全主要包括数据的采集、传输、存储、使用、共享、销毁六大能力模块的安全。数据安全战略则主要从企业的顶层规划设计方面入手，为保障数据安全治理能力构建系统的数据安全战略要求，包括机构人员管理和数据安全规划两个能力模块。

### 8.2.3 加强数字人才①培养体系建设以保障数实融合发展的人才需求

数字人才缺乏应该是当今数实融合发展过程中的一个重点和难点。为此，国家应该大力加强数字人才培养体系建设，以解决数字技术研发人才供给不足的难题。在人才培养过程中，高等院校是主阵地，企业等业务机构是次要阵地。对各大高校而言，在学科设置上，应当开设"互联网+"相关专业，如数字金融、数字经济、数字制造等，设置相应的培养目标，课程体系应在传统专业课程体系的基础上加入计算机科学、人工智能、大数据挖掘和区块链技术等相关新兴技术学科。在培养方法上，要充分发挥多方力量，加强校企合作，并联合教学指导委员会、学会和联盟等组织。尤其对于关键核心技术领域的人才培养，在专业标准、培养方案、培养过程和培养效果等方面都应该与企业等多方合作共同探究；并共同推广和建设计算产业开源社区，助力高等院校培养计算产业紧缺人才。企业给学生提供的实践机会是培养人才的重要环节，可以使学生全方位了解行业需求和运作方式。学生通过实践机会既能增强实际应用能力，又能提高与行业发展的适配度，还可以解决高校办学经费有限的问题。例如，浙江大学与阿里巴巴合作，成立了阿里巴巴—浙江大学前沿技术联合研究中心。学院开设了与互

---

① 这里的数字人才特指既懂数字技术又懂相关业务专业能力的人才。

联网行业相关的专业课程，既培养了大量互联网人才，又满足了阿里巴巴等互联网企业对人才的需求。华为与多所高校合作，建立了华为 ICT 学院（陈轩正等，2024）。华为 ICT 学院提供了与信息通信技术相关的课程和实训机会，为华为及其他通信企业输送了大量的人才。2021 年，华为发布"未来种子 2.0"计划，在未来五年投入 1.5 亿美元用于数字化人才培养，新增受益人数预计将超过 300 万。

### 8.2.4　完善产权保护制度以推动数字化技术研发

由前文分析可知，数实融合的本质是价值链的重构，而价值链的技术重构是实现数实融合的技术保障，其核心在于数字化技术的研发。在制造业的价值形成过程中，涉及机械自动化、互联网技术、信息集成技术、智能物流技术、智能交通技术、云计算、大数据、远程诊断和维修技术、设备远程智能维护技术等技术。但是，由于技术研发存在外部性，使得很多企业不愿意去进行长期的技术研发投入，阻碍了技术的进步。因此，推动数字化生产技术的研发，制度保障要先行。例如，美国早在 2011 年就通过了《美国发明法案》，以立法的形式对互联网技术、电子技术等新兴技术进行产权保护（徐德顺等，2007），从而激发了企业技术创新的热情。为此，我国政府也应加快完善网络经济下知识产权保护制度，从而促使企业加快对新一代信息技术的创新进程，为数字经济与实体经济的深度融合提供强有力的技术支撑。

### 8.2.5　构建多元化的数字金融平台以缓解企业创新融资约束

近年来，随着全球贸易冲突升级、世界经济增长放缓等因素的影响，给我国实体经济的发展带来巨大挑战。在此背景下，实体企业既要面对资金链紧张、市场扩张困难等挑战，又要应对创新动能不足的问题。同时，大批新兴业态和商业模式的涌现，也进一步冲击了传统经济企业的生存与发展。实体经济是我国经济发展的重要根基，我国曾多次强调实体经济的重要性。然而，许多实体经济企业在数字化转型中面临资金匮乏、技术引进困难等问题，导致它们在数实融合方面发展缓慢。在数字化快速发展的今天，新型数字信息技术与传统金融深度融合，形成了以数字技术为支撑的新型数字金融模式，缓解了传统金融模式在服务中存在的效率低下等众多制约企业数实融合发展的问题。为此，国家应大力建设数字金融平台以提供多样化数字金融服务，鼓励金融机构持续加强技术研发和创新，研发出更多创新型的数字金融服务产品，为企业、个人提供多样化金融服务，满足其多元的融资需求。此外，要加快推进数字基础设施的建设，充分发挥数字金融平台对区域数字金融发展的推动作用。企业也应积极利用数字金融平台，借助这些平台来提升自身的数实融合发展水平。

### 8.2.6 参与数字经济国际合作以提升国家数字经济竞争力

2023年5月30日发布的《全球数字经济发展指数报告（TIMG 2023）》通过对393份数字经济国际合作政策文件的分析和整理分析得出，虽然仍存在数字经济发展跟国际合作不匹配的情形，但整体来说一个国家的数字经济发展水平与该国参与数字经济国际合作的程度呈现正相关关系。从全球数字经济发展指数得分与数字经济国际合作程度来看，一个国家的数字经济发展水平整体上与该国数字经济国家合作参与程度呈正相关。由此可见，未来数字经济国际合作将成为企业参与国际合作的新赛道和新领域。目前，美国、英国、韩国、德国等发达国家参与数字经济国际合作的程度都比较高（见表8-1），全球数字经济发展中等的国家都在通过数字经济国家合作积极提升本国数字经济发展水平。因此，中国也应该加强数字经济国际合作。2022年，中国参与国际数字合作数量仅为17，参与国际数字合作数量排名为41，这与全球排名第一的德国（参与国际数字合作数量294）相比，差距还是很大的。未来，中国应积极推进与数字经济发展领先国家、共建"一带一路"国家、具有长期贸易往来等国家在数字经济细分领域的深度合作，提升我国数字经济发展水平，成为未来数字经济国际合作的主要参与国和规则制定者。

表 8-1　2022 年发达国家参与数字经济国际合作情况

| 国家 | 美国 | 德国 | 韩国 | 英国 |
|---|---|---|---|---|
| 参与国际数字合作数量 | 105 | 294 | 34 | 75 |
| 参与国际数字合作数量排名 | 27 | 1 | 33 | 28 |

资料来源：《全球数字经济发展指数报告（TIMG 2023）》。

# 8.3　促进数字经济与实体经济深度融合的产业政策

### 8.3.1　加快确立数字技术行业标准推动"数字平台"建设

随着数字经济的发展，生产组织的方式也会发生变革。未来的生产组织不再是以企业为主，而应该对企业进行解构，由原来以"企业"为中心的生产组织转向利用"数字平台"链接到工具层面和设备层面的以"产品"为中心的生产。为此，我国制造业的数字化转型中，应从解构"企业"入手，以搭建"数字平台"为媒介，链接各制造企业的工具层面和设备层面，真正实现以"产品"为中心的生产组织方式，实现全球资源配置的大调整，争取在全球资源数字化配置中抢占战略先机。要推动数字平台的建设，数字技术标准的确立至关重要。因为一旦我国率先掌握了数字技术标准，就会吸引企业、消费者链接到"数字平台"。而且，随着网络经济中正反馈机制作用的发挥，会吸引更多的企业和消费者链接到"数字平台"，从而使链接到"数字平台"的企业和消费者产生路径依赖。同时，还可以借助技术锁定增加链接到"数字平台"中企业的转移成本。这样，即使以后别的国家也构建了相应的"数字平台"，已链接到我国"数字平台"的企业也会因为转移成本太高而被锁定。因此，我国制造业应加快确立数字技术行业标准，使正反馈机制率先发挥作用，使链接企业产生技术锁定。

### 8.3.2 培育生态主导型企业以构建具有国际竞争力的数字产业生态

培育生态主导型企业，是推动数字经济与实体经济深度融合的关键一环。这类企业往往具备强大的资源整合能力，能够引领产业链上下游的创新发展，进而构建具有国际竞争力的产业生态。以华为为例，作为信息通信技术（ICT）领域的领军企业，华为不仅在研发、生产、销售等方面具备强大的实力，更积极组织产业链上下游形成创新联合体。华为与全球众多合作伙伴共同打造了一个庞大的产业生态，涵盖芯片、操作系统、通信设备、终端等多个领域。在这个生态中，华为通过提供开放的平台和丰富的资源，鼓励合作伙伴进行技术创新和产品升级，共同推动整个产业的进步。华为的生态主导型企业模式，不仅提升了其自身的竞争力，也带动了整个产业链的发展。通过与其他企业的紧密合作，华为成功将自身的技术优势和创新能力转化为整个产业的竞争力。同时，华为还积极推广其生态模式，与全球各地的政府、企业、高校等建立合作关系，共同推动数字经济与实体经济的深度融合。

### 8.3.3 重视研发创新的行业风尚

产业政策应着重推崇并营造重视研发创新的行业风尚。政府应出台相关政策，鼓励企业加大研发投入，支持企业建立研发机构，吸引和培养高端研发人才。通过设立研发创新基金、税收减免、资金补贴等方式，使企业的创新活力获得充分释放，从而推动行业技术进步，促进产业升级。例如，可以设立"创新领航企业"评选，对在研发创新方面表现突出的企业给予表彰和奖励，以此激发整个行业的创新热情。以华为为例，华为每年将大量资金投入研发领域，持续推动5G、人工智能、云计算等前沿技术的研发和应用。华为不仅在全球建立了多个研发中心，还与众多高校和科研机构开展深度合作，共同攻克技术难题。这种对研发创新的重视和投入，不仅使华为在数字经济领域取得了领先地位，也带动了整个通信行业的技术进步和产业升级。

### 8.3.4　建立产业内合理的专利转让制度

建立产业内合理的专利转让制度至关重要。政府应制定和完善专利转让的相关法律法规，明确专利转让的程序、标准和权益保障，为专利转让提供法律保障。同时，鼓励企业和科研机构之间进行专利转让和技术合作，促进科技成果的产业化应用。在新能源汽车领域，特斯拉公司凭借其先进的电池技术和自动驾驶技术，成为行业的"领头羊"。为了促进技术的普及和应用，特斯拉采取了开放专利的策略，允许其他企业免费使用其部分专利技术。这种开放式的专利转让制度，不仅降低了其他企业进入新能源汽车领域的门槛，也促进了整个行业的技术进步和产业升级。同时，特斯拉还通过与其他企业的合作，共同推动新能源汽车产业链的发展和完善。

### 8.3.5　促进数据资源的高效流通与利用

为了促进数字经济与实体经济的深度融合，需要推动数据资源在行业内及行业间的高效流通与利用。例如，福建省通过建立健全数据基础制度，大力推动数据开发开放和流通使用，为数字经济提供了丰富的数据资源。同时，福建省还积极构建一体化算力基础设施体系，如"算存运"融合、"云边端"协同等体系，为数据处理和应用提供了强大的支撑。在福建省税务部门依托各大产业园区，建立了"税收特派员"个性化税费服务机制，通过精准对接新兴产业需求，为企业提供涉税难题的解决方案，推动了企业数字化转型的加速。这种服务机制不仅提升了企业的税务管理效率，也促进了数据资源在企业间的流通与利用。

### 8.3.6　鼓励跨行业合作与协同创新

在促进数字经济与实体经济深度融合的过程中，跨行业合作与协同创新是重要途径。福建省通过推动传统产业与数字技术的深度融合，加强了纺织鞋服、建材、食品等传统产业的数字化转型升级。同时，他们还大力发展新一代信息技术、生物医药、高端装备等战略性新兴产业，拓宽了产业新赛道。以宁德时代新能源科技股份有限公司为例，该公司通过人工智能、先进分析和云计算等技术的融合应用，实现了电芯生产线的智能化改造和产品质量的显著提升。这种跨行业合作与协同创新不仅提升了企业的核心竞争力，也为整个产业链的数字化转型提供了有力支持。

# 8.4 促进数字经济与实体经济深度融合的企业建议①

## 8.4.1 转变价值创造的逻辑

传统工业时期，企业的发展逻辑是持续创新产品价值，构建企业的核心竞争优势，打败竞争对手，获取最大的市场份额和高额利润。但在数字经济时代，企业的竞争对手是谁甚至都无从得知，且竞争对手之间也不再是纯粹的竞争关系。企业并非一定要打败竞争对手才能获得发展，而应与竞争对手共生发展、共同成长、共同盈利。因此，在数字经济背景下，企业要转变价值创造的逻辑，以共生逻辑制定企业的发展战略。否则，在数字经济背景下，生产设备数字化、关键工序数控化、数字化生产设备联网、工业云平台应用等新型基础设施的技术、资金和人力资本支撑等，是单个企业或单个制造行业难以提供的。这也是当前我国制造业新型基础设施支撑水平不高的原因之一。因此，这里的共生逻辑不单仅指同一制造行业中企业与企业之间的共生，还包括企业与顾客之间、企业与合作伙伴之间的共生，以及不同制造行业企业与企业之间、企业与资源之间的共生。企业只有与顾客共生，才能创造更多的顾客价值；企业只有与合作伙伴共生，才能创造更多的"合作剩余价值"；企业只有跨界合作，才能真正实现资源共享，节省交易成本。综上所述，在数字经济背景下，企业在制定发展战略时要遵循一个逻

---

① 本部分内容已经公开发表，参见：易秋平. 价值链重构视角下数字经济与实体经济深度融合机理研究［J］. 湖南科技大学学报（社会科学版），2023（3）：92–102.

辑：谁能与自己一起创造更多的价值，就与谁合作共生发展。

### 8.4.2　创新顾客价值标准

传统工业时期，制造业的生产主要采用标准化生产，无论是研发设计、生产工艺、生产制造还是分销策略等，都是采用统一标准。这样的标准化生产，前提条件是市场处于供不应求状态。但数字经济背景下，消费者的需求日趋多样化和个性化，这就出现了一方面企业产能过剩，另一方面消费者需求得不到满足的现象，市场供给与需求不匹配问题严重。由于消费者对价值的认知是有差异的，所以企业应该创新价值标准，瞄准消费者的个性化需求特征，真正做到以顾客的需求为导向，以满足和创造顾客的价值为目标，开展个性化定制生产、开展服务型制造。当前，我国制造业开展个性化定制、服务型制造的企业比例还很低，这在很大程度上源于对顾客价值认知的不足，以及对顾客价值标准的统一化。创新顾客价值可以从提升产品整体价值与顾客需求价值的个性化融合来实现。只有实现了企业的产品价值与顾客的需求价值个性化融合，才能真正创新顾客的价值，提升顾客的满意度和忠诚度。

### 8.4.3　协同价值创造主体

传统工业时期，价值创造的主体主要是企业。但在数字经济背景下，价值创造的主体呈现多元化趋势。产品和顾客的价值创造者不再是单一的企业，顾客自身、原材料供应商、分销商和服务商等所有主体都可以参与到价值创造中来。那么，传统制造业在数字化转型发展中，如何协同各价值创造主体是一个难题。这可以从两个方面来考虑：一是从技术端入手。利用相应的数字技术搭建工业云平台，让更多的价值创造主体、更多的生产设备链接到平台上来，真正实现网络化协同创造。当前，我国制造业生产设备数字化率、关键工序数控化率、工业云平台应用率、数字化生产设备联网率不高，实现网络化协同和智能制造就绪率的企业比例还很低，大部分企业的两化融合发展还处于单项覆盖阶段，处于集成提升和创新突破阶段的企业比例还很低。这在很大程度上源于数字技术障碍，未来企业应该更多地关注制造业与互联网融合发展中集成提升和创新突破的技术攻克。二是从顾客端着手。虽然，当前我国制造业开展个性化定制、开展服务型制造和智能制造的企业比例较低，这是受到技术和资金等各种因素的影响。但事实上，既然有部分企业已经开展了个性化定制、服务型制造和智能制造等新模式、新业态，说明相关技术、资金等都是可以解决的。关键在于回归顾客价值，使价值流向逆向化，做到始于顾客、终于顾客，真正实现顾客价值创新，实现价值协同。

# 8.5　本章小结

在当前的经济环境下，数字经济与实体经济的深度融合已成为推动高质量发展的关键动力。然而，数实融合的进程仍然面临着许多挑战，如数字人才短缺、数据隐私保护与安全、技术应用不足等。针对这些问题，本章提出了多维度的政策建议，旨在促进数字经济与实体经济的深度融合。在宏观层面，应加快信息基础设施建设以推动数字化消费市场的形成，加强数据安全战略体系构建以确保隐私安全，加强数字人才培养体系建设以保障数实融合发展的人才需求，完善产权保护制度以推动数字化技术研发，构建多元化的数字金融平台以缓解企业创新融资约束，参与数字经济国际合作以提升国家数字经济竞争力。在产业层面，应加快确立数字技术行业标准推动"数字平台"建设，培育生态主导型企业以构建具有国际竞争力的数字产业生态，推崇重视研发创新的行业风尚，建立产业内合理的专利转让制度，促进数据资源的高效流通与利用，鼓励跨行业合作与协同创新。在企业层面，应转变价值创造的逻辑，创新顾客价值标准，协同价值创造主体。

# 第9章 结论和展望

从某种程度上来讲，本书明确提出从价值链重构视角对数字经济和实体经济深度融合机理和路径进行的研究属于"引玉之砖"，本书对数字经济和实体经济深度融合的研究是相当初步的。尽管如此，本书仍然得到了一些有意义的结论；与此同时，本书的研究存在的不足之处和遗留的问题将成为学者今后努力的方向。

## 9.1 主要结论

（1）数字经济与实体经济深度融合的本质是价值链重构

发展数字经济离不开实体经济这一必要载体。要发挥数字经济价值赋能的作用，必须与实体经济相融合。只是，实体经济实现数字化转型是一次"创造性破坏"过程，对其自身价值创造进行了重新排列和整合。因此，价值链重构是实现数字经济和实体经济深度融合的首要任务。数字经济条件下传统制造业价值链的重构包含四个层面的含义：价值链的技术重构、价值链的分工重构、价值链的利益分配重构和价值链的空间重构，其中，价值链的空间重构只是价值链重构的呈现特征，而价值链的技术重构、分工重构和利益分配重构是价值链重构的本质内容，且技术重构要先行。

（2）价值重构是促成数字经济与实体经济深度融合的关键所在

数字经济与实体经济深度融合的本质是价值链重构。而要对价值链进行重构，其本质要求是对创造价值的经济活动进行重构，即价值链重构首先是基于价值重构。因此，价值重构是促成数字经济与实体经济实现深度融合的关键所在。为什么在产业数字化的过程中必须通过价值重构来实现数字经济与实体经济的深度融合呢？这是因为，在产业数字化的实现过程中，在原有生产要素组合的基础上，数字化增加了数字价值的组合，全新的产业价值被创造出来了。新价值的创造势必打乱原来的价值生态体系。因此，必须重构新的价值生态体系，才能真正实现数字经济与实体经济的深度融合，实现制造业的数字化转型升级。基于此，可以通过价值逻辑共生化、价值标准个性化、价值主体多元化、价值组织平台化、价值流向逆向化和价值核心创新化来实现价值系统的重构，从而促进数字经济与实体经济深度融合。

（3）数字经济与实体经济深度融合的运行机制设计的关键是平台机制构建

数字经济与传统制造业深度融合的本质就是价值链的融合，数字经济与传统制造业深度融合的运行机制包括产品链深度融合、生产链深度融合、营销链深度融合和全价值链协同融合。其中，产品链深度融合的运行机制是构建生产者与消费者的价值共创平台；生产链深度融合的运行机制是构建各业务流程的数字化协同制造平台；营销链深度融合的运行机制是创建消费者数字化体验平台；全价值链协同融合的运行机制是构建全价值链运营数字孪生系统。因此，数字经济与实体经济深度融合的运行机制设计关键是平台机制构建，通过平台机制的构建，真正实现价值共创、共享和共分配的良好运行机制。

（4）数字经济与实体经济融合成长路径实质上是寻求产业新的价值增长路径

数字经济与实体经济的深度融合成长实质上是产业价值创新的过程，即通过产业价值渗透、产业价值交叉和产业价值重塑，形成产业价值的融合，产生新的复合价值效应。这种复合价值效应主要表现为价值逻辑创新、价值组织创新、价值主体创新、价值核心创新、价值标准创新和价值流向创新。企业的价值逻辑由原来的竞争化转向共生化；价值组织由以"企业"为中心的价值生产组织，转向以"产品"为中心的价值生产组织；价值主体由单一化转向多元化；价值核心由满足顾客需求转向创造顾客需求；价值标准由统一化转向个性化；价值流向由原来的正向化转向逆向化。价值逻辑、价值组织、价值主体、价值核心、价值标准和价值流向的创新使得传统制造业的成长空间得到了极大的拓展，并形成产业新的价值增长点：触达终端、集成功能、重构场景和共生价值，从而实现了数字经济与实体经济的融合成长。

（5）立足国际国内企业数字化转型实践，加快推进数实融合发展

本书在对国际发达国家数字经济与实体经济深度融合的典型模式分析基础上（美国的科技创新引领高端制造模式、德国的"工业4.0"推进传统制造智能化模式、韩国的智能工厂强化技术融合应用模式和英国的政策扶持推进技术创新模式），再结合我国数字经济与实体经济融合发展总体上处于单向覆盖阶段的现实情况和国内数字经济与制造业融合发展的典型案例分析，提出要实现我国数实融合从单向覆盖阶段向集成提升和创新突破高级阶段攀升，还应该重点着力提升制造业与互联网两化融合新型基础设施支撑水平，促进两化融合发展的新模式与新业态发展。同时，我国制造业的数实融合水平是不断提升的，不同行业在数实融合水平上还存在差异。对于各行业而言，需要根据自身行业融合特征和市场需求，制定合适的数字化转型战略，积极应对数实融合带来的挑战和机遇。同时，我国数字经济与实体经济融合发展还面临着三难：技术融合难、数据安全难和人才获取难，未来应重点解决这三难问题。在宏观层面，应加快信息基础设施建设以推动数字化消费市场的形成，加强数据安全战略体系构建以确保隐私安全，加强数字人才培养体系建设以保障数实融合发展的人才需求，完善产权保护制度以推动数字化技术研发，构建多元化的数字金融平台以缓解企业创新融资约束，参与数字经济国际合作以提升国家数字经济竞争力。在产业层面，应加快确立数字技术行业标准推动"数字平台"建设，培育生态主导型企业以构建具有国际竞争力的数字产业生态，推崇重视研发创新的行业风尚，建立产业内合理的专利转

让制度，促进数据资源的高效流通与利用，鼓励跨行业合作与协同创新。在企业层面，应转变价值创造的逻辑，创新顾客价值标准，协同价值创造主体。

# 9.2　研究展望

如何把数字经济与实体经济深度融合研究进一步引向深入、引向系统化是我们一直在探讨的问题，未来可以尝试从以下四方面进一步研究：

（1）从"经济—技术"双重视角辩证地讨论数字经济的内涵与外延

任何问题的研究首先要明确和统一其相关的内涵与外延。正如前文提到的，现有的研究对数字经济的内涵界定仍然很模糊。数字经济的内涵十分复杂，我们既不能用某个特定的新兴行业代表数字经济，也不能用数字化转型、产业数字化等概念简单概括数字经济。对于数字经济这种技术驱动型经济形态，在对其研究的过程中要明确研究路径，对数字经济的内涵与外延进行全面深入的剖析与理解。此外，数字经济与实体经济之间的融合研究不仅需要一套完备的评价指标体系，还需要回归到数实融合的内涵与本质，进一步拓展和深化数实融合相关理论研究，从而为传统产业数字化转型与升级提供清晰的思路，充分发挥数字经济对传统产业的赋能作用。

（2）注重数实融合测度及评价的行业异质性研究

目前，关于数字经济与实体经济融合测度的指标较少，而且鲜有考虑行业异质性特征而构建行业特定的评价指标体系。因此，今后应注重数实融合测度及评价的行业异质性研究。评价指标体系的构建也应该针对各行业的异质性特征，分别构建一套完备、系统、权威的总体评价指标模型和能反映各行业的评价指标模型。因为评价指标体系的科学性是促进数实融合发展的必要条件，这不仅可以对数字经济的特点进行精准把握，还可以把实体经济的结构特征纳入考虑之中。此外，未来的实证研究还应该深入地级市层面的特定产业，探究数实融合的发展对地级市特定产业结构转型升级的影响及作用机制，从而完善当前学术研究领域一些特定问题的研究。

（3）立足于国内外实际，总结经验

从国内视角来看，应构建数据要素自由流动的市场机制，维护市场公平竞争秩序；在完善市场治理的基础性监督机制，提供健康有序的市场运作环境等方面值得更多地关注与投入。从国际视角来看，中国作为全球数字经济的领导者，要想在内生技术劣势的情况下实现发展与赶超，需要总结历史经验为未来发展提供参考。对于其他国家在数字经济发展与数实融合中的经典案例与典型实践，也需要进行总结归纳，以弥补研究领域内可能存在的空白与不足。

（4）加强数实融合中各类问题的治理研究

区域、产业间因数字化渗透程度不同而存在"数字鸿沟"问题，需加快构建和完善以人工智能、大数据为代表的数字基础设施体系，加大对欠发达地区的数字基础设施投入力度；数据在流通共享中可能存在泄露、丢失、篡改等问题，对于个人、企业、国家利益的数据隐私应制定系统的隐私保护和安全审查制度，妥善保护各类数据的安全；信息技术时代的数据资产评估问题，需建立规范合理的数据价值评估模型，对数据资产进行合理的评估，帮助企业管理内部数据信息、准确掌握数据资产收益，顺利实现企业数字化转型。此外，还有诸如数字化供应链的构建问题、数字供应链的安全稳定问题、数字生态系统构建问题等，需通过政企协同提升数字治理能力予以应对。

# 参考文献

[1] Acemoglu D, Restrepo P. Robots and jobs: Evidence from US labor markets [J]. Journal of Political Economics, 2020, 128 (6): 2188-2244.

[2] Aldrighi D, Colistete R P. Industrial growth and structural change: Brazil in a long-run perspective [R]. Working Papers, Department of Economics, FEA-USP, 2013.

[3] Bal P M, Izak M. Paradigms of flexibility: A systematic review of research on workplace flexibility [J]. European Management Review, 2020, 18 (1): 37-50.

[4] Bala R. Value & worth: Creating new markets in the digital economy [J]. Journal of Revenue and Pricing Management, 2014, 13 (2): 158-159.

[5] Blackman C. Convergence between telecommunications and other media: How should regulation adapt? [J]. Telecommunications Policy, 1998, 22 (3): 163-170.

[6] Bloom N, Liang J, Roberts J, et al. Does working from home work? Evidence from a Chinese experiment [J]. The Quarterly Journal of Economics, 2015, 130 (1): 165-218.

[7] Bloom N, Sadun R, Reenen J V. Americans Do I. T. Better: US multinationals and the productivity miracle [J]. The American Economic Review, 2012, 1 (102): 167-201.

[8] Brandt L, Tombe T, Zhu X. Factor market distortions across time, space and sectors in China [J]. Review of Economic Dynamics, 2013, 16 (1): 39-58.

[9] Cheng C, Chien M, Lee C. ICT diffusion, financial development, and economic growth: An international cross – country analysis [J]. Economic Modelling, 2021, 94: 662-671.

[10] Chu S Y. Internet, economic growth and recession [J]. Modern Economy, 2013, 4: 209-213.

[11] Curran C S, Broring S, Leker J. Anticipating converging industries using publicly available data [J]. Technological Forecasting & Social Change, 2010, 77 (3): 385-395.

[12] Curran C S, Leker J. Patent indicators for monitoring convergence–examples from NFF and ICT [J]. Technological Forecasting & Social Change, 2011, 78 (2): 256-273.

[13] Demertzis M, Merler S, Wolff G B. Capital markets union and the fintech Opportunity [J]. Journal of Financial Regulation, 2018, 4 (1): 157-165.

[14] Leng J, Wang D, Shen W, et al. Digital twins–based smart manufacturing system design in Industry 4.0: A review [J]. Journal of Manufacturing Systems, 2021, 60: 119-137.

[15] Dominic K S, Eric A, Ronald K, et al. Institutional environment and entrepreneurial cognitions: A comparative business systems perspective [J]. Entrepreneurship Theory and Practice, 2010, 34: 491-516.

[16] Fai F, Tunzelmann N. Industry–specific competencies and converging technological systems: Evidence from patents [J]. Structural Change and Economic Dynamics, 2001, 12 (2): 141-170.

[17] Fernandes A, Kee H, Winkler D, et al. Determinants of global value chain participation: Cross – country evidence [Z]. Policy Research Working Paper 9197, World Bank, Washington, DC. 2020.

［18］Frey C B, Osborne M A. The future of employment: How susceptible are jobs to computerization? ［J］. Technological Forecasting & Social Change, 2017, 114 (3): 254-280.

［19］Gaines B R. The learning curves underlying convergence ［J］. Technological Forecasting And Social Change, 1998, 57 (1-2): 7-34.

［20］Gereffi G, Fernandez - Stark K. Global value chain analysis: A primer ［M］. New York: Elgarblog, 2019.

［21］Gereffi G, Humphrey J, Kaplinsky R, et al. Introduction: Globalisation, value chains and development ［J］. IDS Bulletin, 2001, 32 (3): 1-8.

［22］Goldfarb A, Tucker C. Digital economics ［J］. Journal of Economic Literature, 2019, 57 (1): 3-43.

［23］Gomber P, Kauffman R J, Parker C, et al. On the Fintech revolution: Interpreting the forces of innovation, disruption and transformation in financial services ［J］. Social Science Electronic Publishing, 2018, 35: 220-265.

［24］Grand View Research Inc. 数字孪生市场增长和趋势 ［EB/OL］. https: // www. grandviewresearch. com /industry-analysis/digital-twin-market.

［25］Greenstein S, Khanne T. Competing in the age of digital convergence ［M］. Boston: Harvard Business School Press, 1997.

［26］Grigore G, Molesworth M, Watkins R, et al. New corporate responsibilities in the digital economy ［R/OL］. 2017. https: //www. researchgate. net/publication/22 8542507.

［27］Hacklin F, Marxt C, Fahrnin F. An evolutionary perspective on convergence: Inducing a stage model of inter-industry innovation ［J］. International Journal of Technology Management, 2010, 49 (1/2/3): 220-249.

［28］Hansen B E. Threshold effect in Non-Dynamic Panels: estimation, testing, and inference ［J］. Journal of Econometrics, 1999 (2): 345-368.

［29］Hsieh C, Klenow P J. Misallocation and manufacturing TFP in China and

India [J]. The Quarterly Journal of Economics, 2009, 124 (4): 1403-1448.

[30] Jones C I, Tonetti C. Nonrivalry and the economic of data [J]. American Economic Review, 2020, 110 (9): 2819-2858.

[31] Jorgenson D W, Vu K M. The ICT revolution, world economic growth, and policy issues [J]. Telecommunications Policy, 2016, 40 (5): 383-397.

[32] Kapoor A. Financial inclusion and the future of the Indian economy [J]. Futures, 2014, 56: 35-42.

[33] Koch T, Windsperger J. Seeing through the network: Competitive advantage in the digital economy [J]. Journal of organization design, 2017, 6 (6): 1-30.

[34] Krugman P, Venables A J. Globalization and the Inequality of Nations [J]. The Quarterly Journal of Economics, 1995, 4 (10): 857-880.

[35] Lei D T. Industry evolution and competence development: The imperatives of technological convergence [J]. International Journal of Technology Management, 2000, 19 (7-8): 699-738.

[36] Lu L. Promoting SME finance in the context of the fintech revolution: A case study of the UK's practice and regulation [J]. Banking and Finance Law Review, 2018, 33 (3): 317-343.

[37] Luo S. Digital finance development and the digital transformation of enterprises: Based on the perspective of financing constraint and innovation drive [J]. Journal of Mathematics, 2022: 1-10.

[38] Malhotra A. Firm strategy in converging industries: An investigation of US commercial bank response to US commercial investment banking convergence [D]. Doctorial Thesis of Maryland University, 2001.

[39] Markets AND Markets. Digital twin market by technology, type (product, process, and system), application (predictive maintenance), industry (aerospace &defense, automotive&transportation, healthcare), and ge ography-global forecast to 2026 [EB/OL]. https://www.marketsandmarkets.com/Market-Reports/digital-twi

n-market-225269522. html.

[40] Melitz M J. The impact of trade on intra-industry reallocations and aggregate industry productivity [J]. Econometrica, 2003, 71 (6): 1695-1725.

[41] Moulton B. GDP and the Digital Economy: Keeping up with the Changes [R/OL]. 1999. http: // bea. gov/ papers/pdf/03. moulton. pdf.

[42] Perez C. Great Surges of development and alternative forms of globalization [M]. Cambridge: Tallinn University of Technology, 2007.

[43] Plank J, Doblinger C. The firm-level innovation impact of public R&D funding: Evidence from the German renewable energy sector [J]. Energy Policy, 2018 (113): 430-438.

[44] Risnen J, Tuovinen T. Digital innovations in rural micro-enterprises [J]. Journal of Rural Studies, 2020, 73: 56-67.

[45] Rodriguez J A . The new geography: How the digital revolution is reshaping the American landscape [M]. Random House Inc, 2002.

[46] Rosenberg N. Technological change in the machine tool industry, 1840-1910 [J]. The Journal of Economic History, 1963, 23 (4): 414-416.

[47] Stieglitz N. Industry dynamics and types of market convergence [R]. Paper presented at the DRUID Summit Conference on "Industrial Dynamics of the New and Old Economy-who is embracing whom", 2002: 1-36.

[48] Stiroh K. Are ICT spillovers driving the new economy? [J]. Review of Income and Wealth, 2002, 1 (48): 33-57.

[49] Tapscott D. The digital economy: Promise and peril in the age of network and intelligence [M]. New York: McGraw Hill, 1996.

[50] Teo T S H . Understanding the digital economy: Data, tools, and research [J]. Asia Pacific Journal of Management, 2001, 18 (4): 553-555.

[51] Thompson S. H. Teo. Understanding the digital economy: Data, tools, and research [J]. Asia Pacific Journal of Management, 2001, 18 (4): 553-555.

[52] Townsend A M. The Internet and the rise of the new network cities, 1969-1999 [J]. Environment & Planning B Planning & Design, 2000, 28 (1): 39-58.

[53] Tunzelmann, F. Industry-specific competencies and converging technological systems: Evidence from patents [J]. Structural Change and Economic Dynamics, 2001, 12: 141-170.

[54] U. S. Executive Office of the President. Maintaining Amer ican Leadership in Artificial Intelligence [EB/OL]. [2021-05-18]. https: //www. federalregister. gov/docu ments/ 2019/02/14/ 2019-02544/maintaining-american leadership-in-artificial-intelligence.

[55] U. S. Federal Communications Commission. Connecting A merica: The National Broadband Plan [EB/OL]. [2021-05-18]. https: //transition. fcc. gov/national-broadband plan/ national-broadband-plan. pdf.

[56] van Beers C, Berghäll E, Poot T. R&D internationalization, R&D collaboration and public knowledge institutions in small economies: Evidence from Finland and the Netherlands [J]. Research Policy, 2008, 37 (2) : 294-308.

[57] Vivek W. Why it's China's turn to worry about manufacturing [J]. Washington Post, 2012: 1-11.

[58] Yoffie D B. Introduction: CHESS and competing in the age of digital convergence [C]//Competing in the age of digital convergence. Boston, 1997: 1-35.

[59] Yuan S , Musibau H O , Gen S Y, et al. Digitalization of economy is the key factor behind fourth industrial revolution: How G7 countries are overcoming with the financing issues? [J]. Technological Forecasting and Social Change, 2021, 165 (2021): 120533.

[60] Yue P, Gizem Korkmaz A, Yin Z, et al. The rise of digital finance: Financial inclusion or debt trap [J]. arXiv e-prints, 2022.

[61] Zhao Y, Feng Y. Research on the development and influence on the real economy of digital finance: The case of China [J]. Sustainability, 2022, 14 (14):

8227.

[62] 艾阳, 宋培, 李琳. 数字产业化的结构转型效应研究——理论模型与实证检验 [J]. 经济与管理研究, 2023, 44 (12): 3-23.

[63] 白俊红, 王星媛, 卞元超. 互联网发展对要素配置扭曲的影响 [J]. 数量经济技术经济研究, 2022, 39 (11): 71-90.

[64] 白新华, 李国英. 以数实融合提升产业链供应链韧性的现实思考 [J]. 区域经济评论, 2023 (6): 63-68.

[65] 才国伟, 杨豪. 外商直接投资能否改善中国要素市场扭曲 [J]. 中国工业经济, 2019 (10): 42-60.

[66] 蔡跃洲, 牛新星. 中国数字经济增加值规模测算及结构分析 [J]. 中国社会科学, 2021 (11): 4-30.

[67] 曹正勇. 数字经济背景下促进我国工业高质量发展的新制造模式研究 [J]. 理论探讨, 2018 (2): 99-104.

[68] 钞小静, 王宸威. 数据要素对制造业高质量发展的影响——来自制造业上市公司微观视角的经验证据 [J]. 浙江工商大学学报, 2022 (4): 109-122.

[69] 陈昌盛, 许伟. 数字宏观: 数字时代的宏观管理变革 [M]. 北京: 中信出版社, 2022.

[70] 陈春花. 价值共生: 数字化时代的组织管理 [M]. 北京: 人民邮电出版社, 2021.

[71] 陈江, 张晴云. 我国数字经济与实体经济融合发展: 机制、测度与影响因素 [J]. 甘肃金融, 2023 (10): 58-63+57.

[72] 陈凯旋, 张树山. 信息消费与数实融合——来自国家信息消费试点的经验证据 [J]. 软科学, 2024, 38 (12): 55-61.

[73] 陈昆, 周靓, 陈梦瑶. 数字金融支持实体经济高质量发展: 理论机制与经验证据 [J]. 四川轻化工大学学报 (社会科学版), 2023, 38 (4): 48-60.

[74] 陈柳钦. 产业融合的发展动因、演进方式及其效应分析 [J]. 西华大学学报 (哲学社会科学版), 2007 (6): 69-73.

［75］陈显富．产业价值链视域下贵州旅游产业融合发展研究［J］．改革与开放，2017（18）：10-12.

［76］陈雁翎，鲜逸峰，杨竺松．数实融合背景下我国数字人才培养的挑战与应对［J］．行政管理改革，2024（2）：66-75.

［77］陈雨露．数字经济与实体经济融合发展的理论探索［J］．经济研究，2023，58（9）：22-30.

［78］迟明园，石雅楠．数字经济促进产业结构优化升级的影响机制及对策［J］．经济纵横，2022（4）：122-128.

［79］崔耕瑞．数字金融能否提升中国经济韧性［J］．山西财经大学学报，2021，43（12）：29-41.

［80］崔书会，李光勤，豆建民．产业协同集聚的资源错配效应研究［J］．统计研究，2019，36（2）：76-87.

［81］戴翔，杨双至．数字赋能、数字投入来源与制造业绿色化转型［J］．中国工业经济，2022（9）：83-101.

［82］戴翔，张雨，刘星翰．数字技术重构全球价值链的新逻辑与中国对策［J］．华南师范大学学报（社会科学版），2022（1）：1-14.

［83］单元媛．高技术产业融合成长研究［M］．北京：科学出版社，2012.

［84］邓丽姝．推动数字经济和实体经济深度融合的机制与路径研究［J］．商业经济研究，2023（14）：189-192.

［85］丁声一，谢思淼，刘晓光．英国《数字经济战略（2015-2018）》述评及启示［J］．电子政务，2016（4）：91-97.

［86］丁述磊，张抗私．数字经济时代新职业与经济循环［J］．中国人口科学，2021（5）：102-113.

［87］丁松，李若瑾．数字经济、资源配置效率与城市高质量发展［J］．浙江社会科学，2022（8）：11-21+156.

［88］董香书，王晋梅，肖翔．数字经济如何影响制造业企业技术创新——基于"数字鸿沟"的视角［J］．经济学家，2022（11）：62-73.

［89］杜传忠，王亚丽．数智技术驱动数实融合的演进历程、国际经验与实践路径［J］．河北大学学报（哲学社会科学版），2023，48（6）：119-131．

［90］傅华楠，李晓春．数字经济驱动中国农业现代化的机制与效应［J］．华南农业大学学报（社会科学版），2023，22（3）：18-31．

［91］高飞，于浩．关于网络游戏的价值链研究［J］．中国管理信息化，2015，18（16）：168-169．

［92］高培培．数字经济与实体经济融合协调发展水平统计测度［J］．统计与决策，2024，40（5）：28-32．

［93］高运胜，杨阳．全球价值链重构背景下我国制造业高质量发展目标与路径研究［J］．经济学家，2020（10）：65-74．

［94］葛立宇，莫龙炯，张方．数字经济发展与城市区域创新——来自我国281个城市的经验证据［J］．广东财经大学学报，2022，37（5）：18-30+42．

［95］古丽巴哈尔·托合提．数字经济与实体经济的融合对经济运行的影响机制研究［J］．全国流通经济，2020（25）：136-138．

［96］郭晗，全勤慧．数字经济与实体经济融合发展：测度评价与实现路径［J］．经济纵横，2022（11）：72-82．

［97］郭晗．数字经济与实体经济融合促进高质量发展的路径［J］．西安财经大学学报，2020，33（2）：20-24．

［98］郭丽娟，赵春雨．数字经济与实体经济深度融合：逻辑机理与实现路径［J］．经济问题，2023（11）：33-39．

［99］郭倩．高红冰：数实融合迎来第三次浪潮［N］．经济参考报，2023-02-28（07）．

［100］郭园园．吉利汽车数字化转型路径研究［D］．南京邮电大学硕士论文，2021．

［101］郭周明，裘莹．数字经济时代全球价值链的重构：典型事实、理论机制与中国策略［J］．改革，2020（10）：73-85．

［102］韩文龙，晏宇翔，张瑞生．推动数字经济与实体经济融合发展研究

［J］．政治经济学评论，2023（3）：67-88．

［103］韩文龙，俞佳琦．数字经济与实体经济融合发展：理论机制、典型模式与中国策略［J］．改革与战略，2023，39（6）：65-78．

［104］郝爱民，谭家银，王桂虎．农村产业融合、数字金融与县域经济韧性［J］．农村经济，2023（2）：85-94．

［105］何德旭，张昊，刘蕴霆．新型实体企业促进数实融合提升发展质量［J］．中国工业经济，2024（2）：5-21．

［106］何帆，刘红霞．数字经济视角下实体企业数字化变革的业绩提升效应评估［J］．改革，2019（4）：137-148．

［107］何佳佳，左马华青．数字产业化赋能实体经济发展：机制与路径［J］．改革，2022（6）：76-90．

［108］洪银兴，任保平．数字经济与实体经济深度融合的内涵和途径［J］．中国工业经济，2023（2）：5-16．

［109］胡贝贝，王胜光．互联网时代的新生产函数［J］．科学学研究，2017，35（9）：1308-1312+1369．

［110］胡汉辉，刑华．产业融合理论以及对我国发展信息产业的启示［J］．中国工业经济，2003（2）：23-29．

［111］胡金星．产业融合的内在机制研究——基于自组织理论的视角［D］．复旦大学博士学位论文，2007（5）：46-62．

［112］胡世良．加强数实融合治理的政策建议［J］．通信世界，2024（5）：28-29．

［113］胡微微，周环珠，曹堂哲．美国数字战略的演进与发展［J］．中国电子科学研究院学报，2022（1）：12-18．

［114］胡西娟，师博，杨建飞．数字经济壮大实体经济发展的机制识别和经验证据［J］．经济问题，2022（12）：1-8．

［115］胡西娟，师博，杨建飞．中国数字经济与实体经济融合发展的驱动因素与区域分异［J］．学习与实践，2022（12）：91-101．

[116] 胡永佳. 从分工角度看产业融合的实质 [J]. 理论前沿, 2007 (8)：30-31.

[117] 胡中立, 王书华. 数字普惠金融发展能否缓解城乡收入差距——基于省级面板数据的检验 [J]. 统计学报, 2021, 2 (3)：1-13.

[118] 华为企业架构与变革管理部. 华为数字化转型之道 [M]. 北京：机械工业出版社, 2023.

[119] 黄斌, 茹怡, 邓晓瑜. 数字经济和实体经济融合发展的作用机制和实现路径 [J]. 数字经济, 2021 (4)：42-45.

[120] 黄群慧, 余泳泽, 张松林. 互联网发展与制造业生产率提升：内在机制与中国经验 [J]. 中国工业经济, 2019 (8)：5-23.

[121] 黄先海, 高亚兴. 数实产业技术融合与企业全要素生产率——基于中国企业专利信息的研究 [J]. 中国工业经济, 2023 (11)：118-136.

[122] 黄险峰, 付成林, 高鑫. 数字经济的社会福利效应及其机制——来自中国城市的空间和门槛证据 [J]. 经济与管理评论, 2023, 39 (5)：124-137.

[123] 吉利汽车数据安全治理硬实力 [J]. 中国工业和信息化, 2023 (8)：43.

[124] 江红莉, 侯燕, 蒋鹏程. 数字经济发展是促进还是抑制了企业实体投资——来自中国上市公司的经验证据 [J]. 现代财经（天津财经大学学报）, 2022, 42 (5)：78-94.

[125] 江艇. 因果推断经验研究中的中介效应与调节效应 [J]. 中国工业经济, 2022 (5)：100-120.

[126] 姜松, 孙玉鑫. 数字经济对实体经济影响效应的实证研究 [J]. 科研管理, 2020, 41 (5)：32-39.

[127] 荆文君, 池佳林. "数实融合"与经济高质量发展：回溯、进展与展望 [J]. 贵州财经大学学报, 2023 (5)：74-81.

[128] 荆文君, 孙宝文. 数字经济促进经济高质量发展：一个理论分析框架 [J]. 经济学家, 2019 (2)：66-73.

［129］柯文岚，陈燕萍，李征．福建省数字经济投入产出模型编制及其产业关联效应［J］．福建江夏学院学报，2023，13（6）：31-42.

［130］赖苑苑，王佳伟，宁延．基于数据价值链的项目型企业数字化转型路径研究——以华为 ISDP 变革为例［J］．科技进步与对策，2023，40（2）：69-79.

［131］李朝鲜．"双循环"背景下数字技术如何赋能商贸流通企业高质量发展［J］．北京工商大学学报（社会科学版），2022（5）：59-70.

［132］李国英．"互联网+"背景下我国现代农业产业链及商业模式解构［J］．农村经济，2015（9）：29-33.

［133］李海舰，赵丽．数据成为生产要素：特征、机制与价值形态演进［J］．上海经济研究，2021（8）：48-59.

［134］李华．制造业的数实融合：表现、机制与对策［J］．改革与战略，2022，38（5）：42-54.

［135］李慧．移动互联网下旅游产业价值链结构研究［D］．北京第二外国语学院硕士学位论文，2011.

［136］李健，邬晓鸥．统筹城乡发展背景下重庆市城乡数字鸿沟及其影响因素的实证研究［J］．现代情报，2018，38（3）：87-91+132.

［137］李健，邬晓鸥．我国城乡数字鸿沟研究进展及思考［J］．人民论坛·学术前沿，2017（17）：70-73.

［138］李西林，游佳慧．英国数字经济：回顾与展望［J］．服务外包，2022（9）：46-51.

［139］李晓华．数字经济新特征与数字经济新动能的形成机制［J］．改革，2019（11）：40-51.

［140］李晓华．制造业的数实融合：表现、机制与对策［J］．改革与战略，2022，38（5）：42-54.

［141］李晓西，杨琳．虚拟经济、泡沫经济与实体经济［J］．财贸经济，2000（6）：5-11.

［142］李新忠．数字经济驱动全球价值链分工［N］．中国社会科学报，2020-10-21（03）．

［143］李雪松，党琳，赵宸宇．数字化转型、融入全球创新网络与创新绩效［J］．中国工业经济，2022（10）：43-61．

［144］李英慧．数字经济与实体经济深度融合：逻辑、挑战及路径［J］．商场现代化，2024（2）：121-123．

［145］李宇，杨敬．创新型农业产业价值链整合模式研究——产业融合视角的案例分析［J］．中国软科学，2017（3）：27-36．

［146］厉无畏．产业融合与产业创新［J］．上海管理科学，2002（4）：4-6．

［147］梁可．数字化协同制造平台在C919研制过程中的应用研究［D］．哈尔滨工业大学硕士学位论文，2015．

［148］刘朝煜．数字技术创新赋能数字经济和实体经济深度融合模式——基于生产—消费网络的视角［J］．上海经济研究，2023（8）：55-69．

［149］刘刚，张昕蔚．欠发达地区数字经济发展的动力和机制研究——以贵州省数字经济发展为例［J］．经济纵横，2019（6）：88-100．

［150］刘国武，李君华，汤长安．数字经济、服务业效率提升与中国经济高质量发展［J］．南方经济，2023（1）：80-98．

［151］刘鹤．南昌市"数实融合"驱动实体经济创新发展策略［J］．全国流通经济，2024（4）：153-156．

［152］刘慧贞，贺钥琪．基于产业融合的旅游全价值链体系构建探讨［J］．现代经济信息，2018（2）：356+358．

［153］刘启雷，张鹏，杨佩卿，等．数字赋能对制造业技术创新效率的影响［J］．统计与决策，2023（23）：79-83．

［154］刘淑春，闫津臣，张思雪，林汉川．企业管理数字化变革能提升投入产出效率吗？［J］．管理世界，2021，37（5）：170-190．

［155］刘水良，吴吉林．基于产业价值链的中药材产业与旅游产业融合模式

研究——以湘西地区为例［J］.湖南商学院学报，2017，24（2）：77-82.

［156］刘铁铮.共享经济视角下海尔HOPE开放式创新平台创新模式的研究［D］.山东大学硕士学位论文，2019.

［157］刘小明.以"互联网+"促进运输服务业转型升级［J］.宏观经济管理，2015（10）：18-21.

［158］刘耀彬，宋学锋.城市化与生态环境耦合模式及判别［J］.地理科学，2005（4）：26-32.

［159］刘永文，李睿.数实融合能否改善要素市场扭曲［J］.软科学，2024，38（8）：70-77.

［160］刘悦.数字经济时代下物流能力评价与影响因素研究［D］.山西大学硕士学位论文，2023.

［161］卢福财.数字经济学［M］.北京：高等教育出版社，2022.

［162］陆岷峰.新格局下强化数字技术与实体经济融合发展路径研究［J］.青海社会科学，2022（1）：82-91.

［163］伦晓波，刘颜.数字政府、数字经济与绿色技术创新［J］.山西财经大学学报，2022，44（4）：1-13.

［164］罗茂林.深入推进数实融合助力宁波民营经济再上新台阶［N］.上海证券报，2024-03-11（09）.

［165］吕延方，赵琳慧，王冬.数字经济与实体经济融合是否提升了企业创新能力——基于正反向融合度的非线性检验［J］.厦门大学学报（哲学社会科学版），2024，74（2）：107-120.

［166］岭言."产业融合发展"——美国新经济的活力之源［J］.工厂管理，2001（3）：25-26.

［167］马爱平.数字化时代基础设施迎来代际革命［N］.科技日报，2023-04-21（003）.

［168］马丹，朱清.数字化转型助力全球价值链升级［N］.中国社会科学报，2021-09-29（03）.

[169] 马红梅，赵志尚．数字普惠金融对中国实体经济发展的区域异质性影响研究：效果检验与传导机制［J］．重庆理工大学学报（社会科学版），2022，36（5）：40-50.

[170] 马化腾，孟昭莉等．数字经济：中国创新增长新动能［M］．北京：中信出版集团，2017.

[171] 马化腾．数字经济：中国创新增长新动能［M］．北京：中信出版集团，2017.

[172] 马健．产业融合论［M］．南京：南京大学出版社，2006.

[173] 马健．产业融合识别的理论探讨［J］．社会科学编辑，2005（3）：86-89.

[174] 马莹．关于数字经济下智慧机场建设的思考［J］．中国市场，2018（6）：159-160.

[175] 马永飞．全球价值链重构背景下中国对外贸易发展研究［J］．国际贸易，2021（2）：47-54.

[176] 孟铁鑫．基于价值链的农业与旅游产业融合动力机制与对策［J］．江苏农业科学，2019，47（6）：320-324.

[177] 聂子龙，李浩．产业融合中的企业战略思考［J］．软科学，2003（2）：80-83.

[178] 牛建国，张世贤．数字生产方式"出场"与中国式现代化理论和实践创新的回应［J］．改革与战略，2023，39（6）：36-50.

[179] 牛子孺．汽车机械变比转向器变比齿廓数字设计理论与方法研究［D］．武汉理工大学博士学位论文，2016.

[180] 欧阳日辉，龚伟．促进数字经济和实体经济深度融合：机理与路径［J］．北京工商大学学报（社会科学版），2023（4）：10-22.

[181] 欧阳日辉．数实融合的理论机理、典型事实与政策建议［J］．改革与战略，2022（5）：1-23.

[182] 欧阳日辉．数据要素促进数字经济和实体经济深度融合的理论逻辑与

分析框架［J］. 经济纵横，2024（2）：67-78.

［183］潘红波，高金辉. 数字化转型与企业创新——基于中国上市公司年报的经验证据［J］. 中南大学学报（社会科学版），2022（5）：107-121.

［184］潘雅茹，龙理敏. 数字经济驱动实体经济质量提升的效应及机制分析［J］. 江汉论坛，2023（8）：40-49.

［185］齐美东，吴金科. 数字普惠金融的实体经济发展效应：异质性与作用机制［J］. 财会通讯，2023（13）：84-90.

［186］邱娟，汪明峰. 进入21世纪以来中国互联网发展的时空差异及其影响因素分析［J］. 地域研究与开发，2010，29（5）：28-32+38.

［187］邱龙云，石庆浪，石庆波. 推动数字经济与实体经济融合发展——以贵州省为例［J］. 商业经济，2024（5）：28-31.

［188］裘莹，郭周明. 数字经济推进我国中小企业价值链攀升的机制与政策研究［J］. 国际贸易，2019（11）：12-20.

［189］任保平，迟克涵. 数字经济支持我国实体经济高质量发展的机制与路径［J］. 上海商学院学报，2022，23（1）：3-14.

［190］任保平，豆渊博. "十四五"时期新经济推进我国产业结构升级的路径与政策［J］. 经济与管理评论，2021，37（1）：110-22.

［191］任保平，李婧瑜. 以数实融合推动新型工业化的阶段性特征、战略定位与路径选择［J］. 经济与管理评论，2024，40（2）：5-16.

［192］任保平，张嘉悦. 数实深度融合推动新型工业化的战略重点、战略任务与路径选择［J］. 西北大学学报（哲学社会科学版），2024，54（1）：45-54.

［193］任转转，邓峰. 数字技术、要素结构转型与经济高质量发展［J］. 软科学，2023，37（1）：9-14+22.

［194］沈坤荣，孙占. 新型基础设施建设与我国产业转型升级［J］. 中国特色社会主义研究，2021（1）：52-57.

［195］沈平，王丹. 制造业数字化转型与供应链协同创新［M］. 北京：人民邮电出版社，2022.

[196] 施炳展, 冼国明. 要素价格扭曲与中国工业企业出口行为 [J]. 中国工业经济, 2012 (2): 47-56.

[197] 石玉堂, 王晓丹, 秦芳. 网络基础设施与经济高质量发展——基于"宽带中国"试点政策的准自然实验 [J]. 经济与管理, 2023, 37 (6): 59-66.

[198] 史丹, 孙光林. 数字经济和实体经济融合对绿色创新的影响 [J]. 改革, 2023 (2): 1-13.

[199] 史丹, 余菁. 全球价值链重构与跨国公司战略分化——基于全球化转向的探讨 [J]. 经济管理, 2021, 43 (2): 5-22.

[200] 史宇鹏, 曹爱家. 数字经济与实体经济深度融合: 趋势、挑战及对策 [J]. 经济学家, 2023 (6): 45-53.

[201] 司晓, 孟昭莉, 闫德利, 李刚, 戴亦舒. 互联网+制造——迈向中国制造 2025 [M]. 北京: 电子工业出版社, 2017.

[202] 宋培, 白雪洁, 李琳. 数字化赋能、要素替代与产业结构转型 [J]. 山西财经大学学报, 2023, 45 (1): 69-84.

[203] 宋伟, 刘玲. 数字科技驱动实体经济转型升级: 理论机制与实证检验 [J]. 经济体制改革, 2023 (5): 112-120.

[204] 宋旭光, 何佳佳, 左马华青. 数字产业化赋能实体经济发展: 机制与路径 [J]. 改革, 2022 (6): 76-90.

[205] 宋怡茹, 魏龙, 潘安. 价值链重构与核心价值区转移研究——产业融合方式与效果的比较 [J]. 科学学研究, 2017 (8): 1179-1187.

[206] 孙德林, 王晓玲. 数字经济的本质与后发优势 [J]. 当代财经, 2004 (12): 22-23.

[207] 孙久文, 年猛. 中国服务业全要素生产率测度与空间差异分析——基于非参数 Malmquist 指数方法的研究 [J]. 山西大学学报 (哲学社会科学版), 2011, 34 (6): 95-100.

[208] 孙久文, 张翔. 数字经济与实体经济深度融合: 联动机制与政策优化 [J]. 长沙理工大学学报 (社会科学版), 2024, 39 (2): 42-50.

［209］孙晓，张颖熙．数实融合背景下平台经济优化乡村产业链的机制［J］．中国流通经济，2024，38（2）：13-23.

［210］汤菲．基于价值链整合的生产性服务业与制造业产业融合发展研究［D］．南京财经大学硕士学位论文，2016.

［211］汤潇．数字经济：影响未来的新技术、新模式、新产业［M］．北京：人民邮电出版社，2019.

［212］唐海燕，张会清．产品内国际分工与发展中国家的价值链提升［J］．经济研究，2009（9）：81-93.

［213］唐隆基，潘永刚，余少雯．数字供应链孪生及其商业价值［J］．供应链管理，2022，3（2）：15-37.

［214］田俊峰，王彬燕，王士君，等．中国东北地区数字经济发展空间分异及成因［J］．地域研究与开发，2019（6）：16-21.

［215］田秀娟，李睿．数字技术赋能实体经济转型发展——基于熊彼特内生增长理论的分析框架［J］．管理世界，2022，38（5）：56-74.

［216］屠年松，易泽华．价值链重构研究综述［J］．管理现代化，2018，38（1）：111-114.

［217］汪来喜，丁日佳，王源昌．众包：企业创新民主化的方法［J］．企业活力，2007（4）：70-71.

［218］汪亚楠，叶欣，许林．数字金融能提振实体经济吗［J］．财经科学，2020（3）：1-13.

［219］王斌，卢德馨，肖洁锐．促进数字经济与实体经济深度融合机制及路径研究［J］．新经济，2023（9）：146-153.

［220］王晨曦．数字经济与实体经济的深度融合研究［J］．中国商论，2023（19）：5-8.

［221］王定祥，吴炜华，李伶俐．数字经济和实体经济融合发展的模式及机制分析［J］．改革，2023（7）：90-104.

［222］王分棉．数实深度融合助力"专精特新"企业数字化转型［J］．人民

论坛·学术前沿，2024（4）：106-111.

[223] 王桂军，李成明，张辉. 产业数字化的技术创新效应 [J]. 财经研究，2022，48（9）：139-153.

[224] 王桂花. 简析沃尔玛与宝洁公司的商业关系从破裂到实现共赢的实例及启示 [J]. 对外经贸实务，2014（12）：77-79.

[225] 王佳元. 数字经济赋能产业深度融合发展：作用机制、问题挑战及政策建议 [J]. 宏观经济研究，2022（5）：74-81.

[226] 王谦，付晓东. 数据要素赋能经济增长机制探究 [J]. 上海经济研究，2021（4）：55-66.

[227] 王儒奇，陶士贵. 数字金融能否赋能实体经济发展：机制分析与中国经验 [J]. 当代经济管理，2023，45（7）：71-82.

[228] 王儒奇，陶士贵. 数字经济如何影响实体经济发展——机制分析与中国经验 [J]. 现代经济探讨，2022（5）：15-26.

[229] 王胜，巫少龙，周明安，等. "数字经济，智慧产业"背景下的衢州传统制造业发展路径 [J]. 现代企业，2020（1）：52-53.

[230] 王诗雨. 数字技术推动实体经济高质量发展的研究——基于黄河流域的实证分析 [J]. 高科技与产业化，2024，30（3）：64-69.

[231] 王世强，陈逸豪，叶光亮. 数字经济中企业歧视性定价与质量竞争 [J]. 经济研究，2020，55（12）：115-131.

[232] 王拓，朱政，姜茹，等. 英国数字经济战略发展启示 [J]. 服务外包，2017（10）：54-56.

[233] 王小平，刘佳，韦巍巍. 数字经济时代新实体零售业成长的微观机制研究——基于"良品铺子"和"三只松鼠"双案例分析 [J]. 价格理论与实践，2022（4）：57-61.

[234] 王晓丹，石玉堂，刘达. 数据要素市场化配置对数实融合的影响研究——基于数据交易平台设立的准自然实验 [J]. 广东财经大学学报，2024（2）：44-58.

［235］王巽.省域数字经济发展与城市商业银行零售业务转型［J］.当代经济管理，2024，46（1）：84-96.

［236］王永进，施炳展.上游垄断与中国企业产品质量升级［J］.经济研究，2014，49（4）：116-129.

［237］王智勇，李瑞.人力资本、技术创新与地区经济增长［J］.上海经济研究，2021（7）：55-68.

［238］吴非，胡慧芷，林慧妍，等.企业数字化转型与资本市场表现——来自股票流动性的经验证据［J］.管理世界，2021（7）：130-144.

［239］吴光强，张曙.汽车数字化开发技术［M］.北京：机械工业出版社，2010.

［240］吴健安.市场营销学［M］.北京：高等教育出版社，2000.

［241］吴黎明.积极推进数实融合，打造数字经济产业生态［N］.马鞍山日报，2024-03-04（01）.

［242］吴义爽，盛亚，蔡宁.基于互联网+的大规模智能定制研究——青岛红领服饰与佛山维尚家居案例［J］.中国工业经济，2016（4）：127-143.

［243］郗胡平.以科技创新引领制造业高质量发展的韩国经验借鉴［J］.科技中国，2023（6）：22-25.

［244］习近平.高举中国特色社会主义伟大旗帜为全面建设社会主义现代化国家而团结奋斗［N］.人民日报，2022-10-26.

［245］习近平.习近平在网络安全和信息化工作座谈会上的讲话［J］.中国信息安全，2016（5）：23-31.

［246］夏杰长，张雅俊.数字经济赋能浙江共同富裕示范区建设：作用机理与实施路径［J］.浙江工商大学学报，2022（5）：100-110.

［247］夏杰长，张雅俊.重构数实融合的制度环境：逻辑与路径［J］.学术论坛，2024，47（3）：77-88.

［248］夏杰长.数据要素赋能我国实体经济高质量发展：理论机制和路径选择［J］.江西社会科学，2023（7）：84-96.

［249］夏杰长．中国式现代化视域下实体经济的高质量发展［J］．改革，2022（10）：1-11.

［250］肖静华．企业跨体系数字化转型与管理适应性变革［J］．改革，2020（4）：37-49.

［251］肖新艳．全球价值链呈现"双曲线"特征——"微笑曲线"和"彩虹曲线"［J］．国际贸易，2015（8）：38-40.

［252］忻榕，陈威如，侯正宇．平台化管理［M］．北京：机械工业出版社，2022.

［253］新芽．你必须知道"互联网思维"的18条法则！［J］．信息与电脑（理论版），2016（20）：21-22.

［254］熊泽泉．数字经济与制造业产业融合的机制及影响研究［D］．华东师范大学博士学位论文，2021.

［255］徐德顺，暴佳楠，王健璇．价值形成链与价值贡献链视角下的中美数字经济发展比较［J］．中国软科学，2007（S1）：55-64.

［256］徐伟呈，范爱军．数字金融、内驱机制与实体经济增长——基于实体企业金融化的研究视角［J］．山西财经大学学报，2022，44（1）：28-42.

［257］许国腾．数字经济与实体经济融合发展研究［D］．北京邮电大学博士学位论文，2021.

［258］许晖，王琳．价值链重构视角下企业绿色生态位跃迁路径研究——"卡博特"和"阳煤"双案例研究［J］．管理学报，2015（4）：500-508.

［259］闫春，丁一，刘新红．数字经济空间关联及其与实体经济发展的交互影响［J］．中国流通经济，2024，38（4）：13-25.

［260］闫德利．中小企业数字化转型的三大矛盾和四条路径［J］．中国信息化，2023（2）：9-10+35.

［261］严武，万良伟．数字经济对实体企业金融化的影响机制研究［J］．江西社会科学，2022，42（10）：44-53+206.

［262］严子淳，李欣，王伟楠．数字化转型研究：演化和未来展望［J］．科

研管理，2021，42（4）：21-34.

[263] 研究阐释党的十九届五中全会精神国家社会科学基金重大项目"数字经济与实体经济深度融合的机制与对策研究"[J]. 中央财经大学学报，2021（8）：2.

[264] 阳翼. 数字营销[M]. 北京：中国人民大学出版社，2022.

[265] 杨家诚. 数字化营销[M]. 北京：中华工商联合出版社，2021.

[266] 杨杰，张宇，陈隆轩. 数字金融与企业 ESG 表现：来自中国上市公司的证据[J]. 哈尔滨商业大学学报（社会科学版），2022（5）：3-18.

[267] 杨磊，郭英，何颖. 英国数字经济创新部署及其启示[N]. 中国计算机报，2023-03-06（12）.

[268] 杨名彦，浦正宁. 数字经济对经济"脱实向虚"的影响：来自上市公司的证据[J]. 经济评论，2022（3）：110-126.

[269] 杨佩卿. 数字经济的价值、发展重点及政策供给[J]. 西安交通大学学报（社会科学版），2020，40（2）57-65+144.

[270] 杨少杰. 进化：组织形态管理[M]. 北京：中国法制出版社，2019.

[271] 杨先明，杨娟. 数字金融对中小企业创新激励——效应识别、机制和异质性研究[J]. 云南财经大学学报，2021（7）：27-40.

[272] 杨秀云，从振楠. 数字经济与实体经济融合赋能产业高质量发展：理论逻辑、现实困境与实践进路[J]. 中州学刊，2023（5）：42-49.

[273] 杨雅玲. 数字经济具有广阔的发展空间——访清华大学公共管理学院院长江小涓[N]. 中国纪检监察报，2021.

[274] 杨震宁，侯一凡，李德辉，等. 中国企业"双循环"中开放式创新网络的平衡效应——基于数字赋能与组织柔性的考察[J]. 管理世界，2021（11）：184-205.

[275] 叶永卫，梁燊焱，云锋，等. 人力资本投资税收激励与企业创新——来自职工教育经费税前扣除政策的证据[J]. 财政研究，2023（7）：115-129.

[276] 易高峰. 知识管理战略对高校学术团队创业绩效的影响——兼论数字

化知识管理平台建设 [J]. 中国科技论坛, 2018 (12)：173-181.

[277] 易秋平, 刘友金. 数字经济条件下传统制造业价值链重构新解 [J]. 北方经贸, 2022 (11)：42-46.

[278] 易秋平. 价值链重构视角下数字经济与实体经济深度融合机理研究 [J]. 湖南科技大学学报 (社会科学版), 2023 (3)：92-102.

[279] 易秋平. 价值链重构下数实融合的运行机制与路径研究 [J]. 集美大学学报 (社会科学版), 2024 (5)：44-55.

[280] 英国宣布成立第五个技术与创新中心——数字经济中心 [J]. 企业技术开发, 2012, 31 (Z1)：37.

[281] 于刃刚, 李玉红. 论技术创新与产业融合 [J]. 生产力研究, 2003 (6)：175-177.

[282] 余东华, 李云汉. 数字经济时代的产业组织创新——以数字技术驱动的产业链群生态体系为例 [J]. 改革, 2021 (7)：24-43.

[283] 余振, 周冰惠, 谢旭斌, 等. 参与全球价值链重构与中美贸易摩擦 [J]. 中国工业经济, 2018 (7)：24-42.

[284] 俞剑, 方福前, 程冬, 等. 消费结构升级、要素价格扭曲与中国农业劳动力转移 [J]. 经济评论, 2018 (1)：47-61.

[285] 袁惠爱, 赵丽红, 岳宏志. 数字经济、空间效应与共同富裕 [J]. 山西财经大学学报, 2022, 44 (11)：1-14.

[286] 詹帅, 万志蓝. 数智服务赋能农业高质量数实融合的现实逻辑、实践路径与保障对策 [J]. 西南金融, 2024 (1)：81-92.

[287] 张虎, 韩爱华. 制造业与生产性服务业耦合能否促进空间协调——基于 285 个城市数据的检验 [J]. 统计研究, 2019, 36 (1)：39-50.

[288] 张楷卉. "十四五" 时期数字经济与实体经济深度融合的创新机制 [J]. 经济体制改革, 2022 (4)：88-94.

[289] 张矿伟, 俞立平, 张宏如, 等. 数字化转型对高技术产业创新的影响机制与效应研究 [J]. 统计研究, 2023, 40 (10)：96-108.

［290］张锟澎，刘雪晴．数字经济、流动人口与城市居留意愿——基于全国流动人口动态监测数据的经验研究［J］．山西财经大学学报，2022，44（5）：15-28.

［291］张磊．产业融合与互联网管制［M］．上海：上海财经大学出版社，2001.

［292］张明，王喆，陈胤默．全球数字经济发展指数报告（TIMG 2023）［M］．北京：中国社会科学出版社，2023.

［293］张铭洪．网络经济学教程［M］．北京：科学出版社，2017.

［294］张筌钧，陈坚，赵阳．数字金融对数实融合的影响及机制研究——基于北部湾地区数据分析［J］．区域金融研究，2023（6）：21-26.

［295］张帅，吴珍玮，陆朝阳，等．中国省域数字经济与实体经济融合的演变特征及驱动因素［J］．经济地理，2022，42（7）：22-32.

［296］张晓燕，张方明．数实融合：数字经济赋能传统产业转型升级［M］．北京：中国经济出版社，2022.

［297］张勋，万广华，张佳佳，等．数字经济、普惠金融与包容性增长［J］．经济研究，2019，54（8）：71-86.

［298］张翼，刘思浓，郑兴无．最低工资标准、要素价格扭曲与高技术产业的创新效率［J］．中国科技论坛，2021（12）：41-51.

［299］张永恒，王家庭．数字经济发展是否降低了中国要素错配水平？［J］．统计与信息论坛，2020，35（9）：62-71.

［300］张宇，谢地，任保平，等．中国特色社会主义政治经济学［M］．北京：高等教育出版社，2021.

［301］张跃胜，邓帅艳，张寅雪．城市经济韧性研究：理论进展与未来方向［J］．管理学刊，2022，35（2）：54-67.

［302］赵博．华为的企业数字化转型及实践［J］．施工企业管理，2023（1）：104-107.

［303］赵宸宇．数字化发展与服务化转型——来自制造业上市公司的经验证

据［J］．南开管理评论，2021（2）：149-163.

［304］赵亮员，吕鹏，薛品，等．以小"建"大：中小企业"数实融合"的新趋势与新特点［J］．山东大学学报（哲学社会科学版），2023（2）：99-112.

［305］赵涛，张智，梁上坤．数字经济、创业活跃度与高质量发展——来自中国城市的经验证据［J］．管理世界，2020（10）：65-76.

［306］郑媛，于梅．数字化制造技术在汽车行业的应用研究［J］．汽车文摘，2019（8）：1-5.

［307］郑安琪．英国数字经济战略与产业转型［J］．世界电信，2016（3）：40-44+49.

［308］植草益．信息通讯业的产业融合［J］．中国工业经济，2001（2）：24-27.

［309］中国社会科学院工业经济研究所课题组．新工业革命背景下的世界一流管理：特征与展望［J］．经济管理，2021（6）：5-21.

［310］中国信息化百人会课题组．信息经济崛起：区域发展模式、路径与动力［M］．北京：电子工业出版社，2016.

［311］中国信息化百人会课题组．数字经济：迈向从量变到质变的新阶段［M］．北京：电子工业出版社，2018.

［312］中国信息通信研究院．G20国家数字经济发展研究报告（2018）［R］．北京：中国信息通信研究院，2018：3.

［313］钟凯，梁鹏，董晓丹，等．数字普惠金融与商业信用二次配置［J］．中国工业经济，2022（1）：170-188.

［314］钟秋月，唐沙砂，梁钰琪．河北高速集团：数实融合加速"数字国企"建设［N］．中国经济时报，2024-03-05（004）．

［315］钟业喜，毛炜圣．长江经济带数字经济空间格局及影响因素［J］．重庆大学学报（社会科学版），2020（1）：19-30.

［316］周海林，刘奇．数字经济支持实体经济的经验证据和机制检验——以

长三角地区的实证检验为例 [J]. 衡阳师范学院学报, 2023, 44 (3): 73-81.

[317] 周雷, 张鑫, 董珂. 数字金融创新有助于促进实体经济高质量发展吗? ——基于金融服务效率的机制分析与空间计量 [J]. 西安财经大学学报, 2024, 37 (1): 60-72.

[318] 周楠, 韩茜, 李冬冬, 等. 镇江市数字经济与实体经济融合发展的实证研究——基于耦合协调度模型和灰色关联分析法 [J]. 科技创新发展战略研究, 2024, 8 (2): 3-15.

[319] 周小亮, 宝哲. 数字经济发展对实体经济是否存在挤压效应? [J]. 经济体制改革, 2021 (5): 180-186.

[320] 周晔, 丁鑫. "激化"还是"缓释"? 数字金融对区域金融风险的影响研究——跨区效应、机制识别与结构特征 [J]. 国际金融研究, 2022 (10): 26-37.

[321] 周永亮. 价值链重构: 突破企业成长的关口 [M]. 北京: 机械工业出版社, 2016.

[322] 周振华. 论信息化中的产业融合类型 [J]. 上海经济研究, 2004 (2): 11-17.

[323] 朱瑞博. 价值模块整合与产业融合 [J]. 中国工业经济, 2003 (8): 24-31.

[324] 朱岩, 黄浴辉. 互联网+建筑: 数字经济下的智慧建筑行业变革 [M]. 北京: 知识产权出版社, 2018.

[325] 朱子龙. 数字经济对中国制造业参与全球价值链地域特征的影响研究 [D]. 河北大学硕士学位论文, 2020.

[326] 诸竹君, 袁逸铭, 许明, 等. 数字金融、路径突破与制造业高质量创新——兼论金融服务实体经济的创新驱动路径 [J]. 数量经济技术经济研究, 2024, 41 (4): 68-88.